Mario Persona
Mariliza Bonesso

Novo Normal

Reinvente-se

Marketing aplicado à realidade para quem deseja
se reinventar em tempos de crise

1ª Edição
2020

Livros de Mario Persona
Marketing Tutti-Frutti
Laura Loft - Diário de uma Recepcionista
Marketing de Gente
Meu carro sumiu!
Eu quero um refil!
Crônicas para ler depois do fim do mundo
Dia de Mudança (também em inglês: "Moving ON")
Gestão de Mudanças em Tempos de Oportunidades
Receitas de Grandes Negócios
Crônicas de uma Internet de verão
Um Pintor em minha janela
Coleção "O Evangelho em 3 Minutos" (4 volumes)
Coleção "O que respondi..." (13 volumes)

Primeira Edição – 2020
ISBN: 978-65-00-08470-2

contato@mariopersona.com.br
www.mariopersona.com.br

contato@marilizabonesso.com.br
www.marilizabonesso.com.br

Créditos
Revisão: Leonardo Theml
Capa: Rambla7 Publicidade e Propaganda

1.Marketing. 2.Carreira. 3.Comunicação Empresarial.
4.Empreendedorismo. 5.Relações Públicas. 6.Marketing Digital.
7.Vendas.

APRESENTAÇÃO

Se a visão de um empregado que trabalha longas horas para atender demandas intermináveis de um negócio nada inspirador lhe parecer pouco atraente, este livro foi escrito para você. Se você possuir um perfil proativo e for o tipo de pessoa que considera desafiadoras as recentes mudanças na economia global, no mercado de trabalho e no meio empresarial, sugiro não só que leia este livro até o fim, mas também que esteja pronto para avançar e trilhar novos caminhos.

Ao longo desta leitura, talvez encontre informações que já conhece. Mas, se deseja iniciar um novo percurso, pronto para as constantes mudanças dos novos tempos, este texto te dará outras informações que você precisa aprender para iniciar seu próprio negócio colocando em prática todo seu conhecimento e talento.

Se, por um lado, este livro serve para os que já estão há um bom tempo no mercado de trabalho, ele será de grande utilidade também para os que estão dando início à carreira profissional. Afinal, o profissional que faz parte desse público não se sujeita ao sofá, mas está em constante busca por novos rumos para a sua carreira e sempre de olho nas oportunidades advindas das mudanças.

Histórias de profissionais que transformaram algum sonho antigo em profissão, ou que aproveitaram a oportunidade da crise para dar a volta por cima, são cada vez mais frequentes. Seguindo o exemplo deles, muitos se animam com a possibilidade de uma nova oportunidade e procuram reformular suas carreiras enquanto ainda têm tempo e uma renda garantida. Outro perfil dos que correm para colocar um "plano B" em prática é o daqueles que o fazem pela necessidade gerada por diferentes variáveis. Estes começam tudo de novo, renovam e assumem as oportunidades que o mercado lhes oferecer.

A ideia aqui não é estimular o leitor a aproveitar migalhas para fazer algo, mas auxiliá-lo a planejar essa outra etapa da vida, o pós-crise, já que a cada novo ano as mudanças são mais e mais intensificadas, seja devido à tecnologia que avança ou por mudanças globais com as quais temos que lidar sem muita escolha.

O objetivo deste livro é também auxiliar o leitor a lidar com o receio de sentir-se inútil e não ter uma fonte alternativa de renda, já que este é um temor de quem sempre levou ou pensou em levar uma vida dedicada a trabalhar apenas para outras corporações.

São diversos fatores que preocupam o profissional, como uma possível redução da renda no decorrer de sua carreira ou uma crise que o leve a perder o emprego. Daí a necessidade de se pensar de antemão em um bom plano B, por exemplo, uma previdência privada e outros investimentos que garantam maior estabilidade financeira. Nem todos, por mais "formiga" que tenham sido na carreira profissional, podem se dar ao luxo de viver uma vida de cigarra no final.

Todos estes receios são absolutamente naturais, pois expressam a preocupação com a subsistência, com o prestígio que os outros conferem e, também, com uma boa saúde para aproveitar o que a vida oferece. Os medos existem, mas o que varia de pessoa para pessoa é o modo de encará-los e contorná-los. Então, acaso não seria muito melhor se precaver e estar preparado para todas estas mudanças? Certamente. Mas por onde começar? Planejando antes.

Planejar é determinar um ponto de partida e um ponto de chegada, avaliar os recursos que possui e o caminho a se seguir para chegar lá. Planejar não é apagar incêndios ou lidar com uma necessidade premente, mas pensar a longo prazo. Isto inclui muitas outras questões, não apenas de complementação da renda, mas também de realização pessoal e profissional. No pacote, você descobre que acabará buscando também satisfação, qualidade de vida, contribuição e interação com a comunidade, além de criação de vínculos com colegas de trabalho, ampliação da rede de relacionamentos e inúmeros aspectos que sempre foram importantes em qualquer fase da carreira.

Listar prioridades, coisas que realmente importam, é bastante pertinente para o profissional que deseja refletir sobre sua carreira. Meu conselho? Comece já. Tudo o que puder ser previsto com alguma antecedência não lhe pegará de surpresa, mas será de ajuda para pensar com calma em alguma alternativa viável.

Independente dos motivos que o levam a uma mudança, a circunstância será encarada aqui como mero detalhe, pois todos têm a oportunidade de recomeçar. Além do mais, depois de passar para o outro lado da montanha, ou seja, inaugurar a época da virada, você ficará mais à vontade para falar do assunto, pois é uma simples questão de fazer as contas. Qual é a sua idade atual? Como você pretende usar o seu tempo de forma produtiva? É incrível o número de pessoas que não pensam e nem gostam de pensar nisso. Sabem que tempo é um bem finito, mas preferem seguir adiante como se, no caso delas, as leis do universo fossem funcionar às avessas.

É preciso ter um planejamento, uma meta, um objetivo, do mesmo jeito que se faz em um negócio qualquer. Como as empresas fazem com seus produtos, que evoluem e são substituídos, você deve fazer também com sua vida e carreira. Evite empurrar para um futuro distante seus objetivos de alcançar uma vida de maior significado. Alguém que atingiu o tempo em que sabe que é hora de mudar não pode se dar ao luxo de procrastinar a execução de seus planos.

Este livro lhe apontará diversos caminhos para que a sua nova jornada seja bem-sucedida, independente de você estar financeiramente estável nessa transição ou precisar começar uma nova carreira por ter, de algum modo, "tropeçado" no primeiro tempo. Aqueles que simplesmente não querem se ver desocupados ou pretendem aproveitar novas oportunidades que só agora detectaram – mesmo após a aposentadoria –, encontrarão também uma boa companhia nesta leitura.

O marketing, nas suas mais diversas nuances, será utilizado aqui como pilar e disciplina indispensável para auxiliar o profissional nesse novo começo. Ele será abordado de forma objetiva, aplicado à carreira, ao novo negócio e, claro, somado à experiência do profissional que se dedica a esta leitura.

I Capítulo

É hora de mudar. E agora?

O profissional, no início de carreira, não costuma ter tanta preocupação com a possibilidade de, futuramente, passar por grandes mudanças profissionais. Em geral, ele está tão seguro de si e ocupado que sequer para e planeja um possível futuro com mudanças pelas quais ele não quer passar.

Hoje, no entanto, com as mudanças bruscas e rápidas no mercado, os profissionais que saem da graduação são alertados pelos especialistas a terem um plano de carreira que inclua mudanças e outras possibilidades, da mesma forma como as empresas costumam ter.

A uma determinada altura, o novo profissional certamente perceberá que aquela história de seguir seu sonho é muito bonita em livros e filmes, mas, na prática, é preciso ter uma gaveta cheia de diferentes sonhos e sacar aquele que mais se adéqua ao momento e lugar onde está vivendo.

As consultorias prestadas por profissionais de coaching já se tornaram bastante populares entre os grandes empresários e os ensinamentos desses especialistas são hoje vastamente disseminados entre os profissionais, sejam eles iniciantes ou veteranos. E a principal regra dessas consultorias é: todos devem planejar!

O jovem deve planejar em termos mais flexíveis, pois é muito comum que um estudante se decepcione com a profissão assim que cai no mercado ou antes mesmo de terminar seus estudos. O mundo acadêmico nem sempre mostra o cenário real que o estudante irá encontrar em sua futura profissão. O caráter purista da academia pode deixá-lo despreparado para a realidade. Além disso, ele poderá ficar tão focado na profissão para a qual a faculdade o preparou que deixará de enxergar possibilidades de atividades paralelas.

Portanto, o universitário deve planejar sua carreira incluindo em seu plano variantes para sua formação. Alguém que estude física poderá um dia trabalhar com medicina; um dentista poderá se tornar empresário e fabricante de equipamentos odontológicos; e alguém formado em psicologia talvez encontrará um campo fértil para aplicar seus conhecimentos em vendas.

Já o profissional maduro, que provavelmente já possui um planejamento de carreira, deverá ficar de olho no mercado em que atua para um possível replanejamento, que dependerá sempre da sua atividade. E é justamente esse o ponto a ser abordado!

Há atividades que estão com os dias contados, por isso em seu planejamento já deveria ser cotado um "Plano B" que permita aproveitar ao máximo suas competências atuais, garantindo-lhe uma transição segura para uma nova atividade.

Então, será preciso tentar prever para onde a sua nova atividade irá, qual a concorrência que precisará enfrentar e analisar se a sua idade é compatível com a faixa de idade que se espera para profissionais desempenhando a mesma atividade.

Uma forma de fazer isso, que parece ser bastante abrangente, seria iniciar o planejamento pensando na carreira de cinco em cinco anos a começar por hoje. Nesse planejamento, que pode ser feito em um pedaço de papel, você deve ver onde está e aonde quer chegar, planejando os seus passos no período de tempo estipulado, da forma mais detalhada possível.

Engana-se quem pensa que nesse planejamento só serão abordados aspectos profissionais. A vida pessoal e a opinião das pessoas mais próximas são questões que devem ser amplamente consideradas.

Se você já deu esse importante passo e decidiu planejar a sua carreira, o ideal é que nesse mesmo tempo pense se está seguro de estar trilhando um caminho que seja do seu agrado, se é nele que você quer permanecer e por quanto tempo. É preciso ser muito sincero nesta etapa, pois pode ser que você se decida por uma grande reformulação.

Um profissional jamais deve descansar sobre as vitórias conquistadas e baixar âncora na posição que alcançou, pois o mercado é extremamente dinâmico. Tampouco deve achar que tudo continuará bem só porque o plano que tinha para sua carreira realizou-se conforme o esperado. As profissões dão guinadas, portanto é preciso estar sempre preparado para recomeçar.

Observe as empresas, grandes e pequenas, que há anos consideravam o *home office*, mas com certo descrédito e como uma possibilidade remota. Somos testemunhas de que milhares dessas empresas, em razão da nova pandemia do Covid-19 ocorrida em 2020, se viram forçadas a migrar para o *home office* sem mais tempo para refletir sobre os prós e contras de tal mudança.

Assim também ocorre com ambos os profissionais, calouros e veteranos. Há que se ter em vista que o planejamento é mais importante no sentido de se prever possibilidades do que efetivamente traçar uma linha reta acreditando que no final daquela reta esteja o futuro de sua profissão. Pois não está. É preciso estar preparado para tudo e entender que nos dias atuais a mais remota possibilidade pode se tornar real.

Depois de terminado o planejamento, o profissional descobrirá que a estratégia original que traçou para chegar ao destino pretendido se transformou em um zigue-zague tão grande que pode ser mais interessante assumir de vez o desvio de rumo e aportar em outro destino.

Se você for uma pessoa atenta ao que acontece ao seu redor, estará pronta para agarrar oportunidades importantes que talvez nem tenham sido previstas em sua carreira original. Será que isso põe a perder todo o seu planejamento? Não, porque o mais importante no planejamento de carreira é a análise das possibilidades de desvio e suas consequências.

Há vinte anos, qual estudante de administração poderia prever que um dia administraria uma loja virtual, sem estoques, ponto físico e balcão? Pois esta é a realidade de muitos hoje. E qual estudante de jornalismo poderia imaginar que veria a extinção de inúmeros veículos impressos e se veria um dia trabalhando em seu próprio portal online, igualmente sem uma redação, mas produzindo conteúdo e vendendo propaganda em páginas de bits e não de papel?

As coisas mudaram e continuam mudando, com uma diferença: tudo acontece cada vez mais depressa. Essa é a época em que a carreira ganhou um aspecto diferente daquele que tinha no passado. Há alguns anos, entrava-se numa empresa e sua carreira era ditada pelo andar daquele ambiente de trabalho no qual se estava inserido. Trabalhava-se durante anos e aposentava-se. Raramente alguém mudava de emprego ou de empresa, já que sempre existia a oportunidade de crescer em um mesmo lugar.

O fato é que hoje o "emprego" é bastante efêmero em sua duração. Ainda que você trabalhe vinte anos numa mesma mesa, se for um banco, é provável que já tenha mudado uma ou duas vezes de empresa por conta das vendas e fusões. Em outros casos, a empresa que começou como uma escola poderá ter se transformado em uma indústria de computadores. Aqueles, na equipe, que enxergaram esse futuro, procuraram se preparar para ele como a formiga da fábula. E, no processo, muitas cigarras acabam perecendo no inverno da transição.

Além da dinamicidade do mercado e do aumento de vida útil do profissional do conhecimento — isto é, qualquer pessoa que não trabalha usando a força ou habilidade física — vê-se uma diminuição progressiva da vida das empresas, ou, pelo menos, de suas atividades. Em um cenário como este, de morte da empresa, é preciso estar sempre pronto para se reinventar. Afinal de contas, a expectativa de vida tem aumentado a cada dia. Atrelada a isto, a necessidade de garantir uma renda para manter o padrão de vida que dependa cada vez mais de um consumo igualmente crescente. Estes são apenas mais alguns dos motivos que comprovam que o profissional de hoje deve gerenciar sua carreira sem ter os dois pés na empresa onde trabalha, já que não dá mais para dividir a vida profissional como antes, quando se trabalhava para atingir um certo patamar e depois para mantê-lo até os 50 ou 60 anos, na chegada da aposentadoria.

Há 20 ou 30 anos, os pais se aposentavam com trinta e tantos anos de trabalho para cuidar de seus netos, hobbies e simplesmente desfrutar da aposentadoria. Hoje, qualquer um já deve ir se acostumando com uma vida útil de trabalho de, no mínimo, 50 anos. Ou seja, será cada vez mais comum encontrar pessoas na casa dos 70 ou 80 anos de idade profissionalmente ativas, já que é cada vez menor a exigência de força física para se trabalhar. Como o cérebro só melhora a cada dia, ganhando mais conhecimento e experiência, é normal que o mercado também valorize o profissional maduro, que possui a sabedoria dos anos e a percepção da direção a seguir; sem abrir mão do profissional jovem, que tem a adrenalina e ambição necessárias à manutenção da máquina em funcionamento.

O profissional de hoje procura abrir caminho na profissão desde a adolescência, isso porque profissionais de informação e conhecimento estão atuando cada vez mais cedo no mercado graças à revolução tecnológica do final do século 20. Então ele passa a trabalhar no ritmo que sua adrenalina permite até ter cerca de 40 anos, tentando construir uma carreira, uma família e um patrimônio, não necessariamente nesta ordem. É o que se pode chamar de trabalho voltado para a ambição e para atingir metas tangíveis.

Depois dos 40, é comum vir aquela crise de meia-idade, que pode tanto ser uma balançada por achar-se velho e incapaz de competir com o sangue novo que corre por aí, como também pode ser um momento de reflexão e de direcionamento consciente da carreira, buscando não mais o sucesso a qualquer preço, mas realizar um trabalho que traga, além de ganho financeiro, um significado de vida. Isso tende a amadurecer até os 60 anos, quando o profissional assume aquela posição de conselheiro do mercado. É aí, também, que muitos profissionais descobrem que está na hora de começar um novo negócio e muitos o fazem por meio de consultoria, palestras ou lançando-se na área acadêmica.

Até os 40, se está mais para champanhe: sob pressão, pronto para atingir as alturas com a rolha que às vezes precisa até ser mantida no lugar por aqueles 'aramezinhos'. Então passa-se a vinho, quando o que importa é o envelhecimento controlado, o aroma, a consistência e todas aquelas qualidades das coisas feitas para durar.

Construir habilidades, no entanto, é uma importante exigência do atual mercado e que nunca termina, pois você sempre dependerá de conhecimento e experiência, duas coisas que continuarão a alimentá-lo por toda a vida.

Quando o profissional começa a perceber que o trabalho não é feito com a mesma qualidade de antes, que perdeu o foco e a garra iniciais, que não se sente mais realizado, está na hora de uma pausa para refletir para qual direção está seguindo. Quem sabe essa não é a hora de dar uma guinada? Mas uma guinada consciente de que o que fizer dali pra frente precisará ser feito com a qualidade de um vinho de primeira linha.

"Qualidade deveria ser como razão, que humanos têm por natureza, e animais irracionais não." Esta é uma

referência ao que está incorporado ao modo de agir do ser humano, como seres racionais. E a qualidade deveria estar incorporada em tudo o que se faz. Quando alguém perde a razão é tido por louco. Não é louco aquele que pretende continuar no mercado depois que perdeu a qualidade? Mas se qualidade é algo que deve estar incorporado, se todos têm qualidade, que diferencial pode restar? Exceder, descobrir algo que seu cliente não espera e criar um novo patamar de qualidade.

A perda da qualidade encontra raiz em inúmeras questões responsáveis por gerar desmotivação no profissional. A não realização dos mais promissores sonhos, promoções tão esperadas que não acontecem e que vêm aterrorizar os profissionais após anos de dedicação à carreira, oportunidades desperdiçadas devido à insegurança, entre inúmeros outros motivos.

Muitos profissionais perdem a oportunidade de alavancar a carreira na empresa em que trabalharam por tantos anos quando se veem vítimas de uma crise, seja na própria companhia ou na economia nacional ou regional, que provoca a demissão de diversas pessoas. Estes têm um encontro com a desmotivação de uma forma mais brusca, pois além de serem pegos de surpresa, não dispõem de tempo suficiente para tomar uma decisão e voltar à luta.

Se este for o seu caso, pode ser esse o momento ideal para buscar mudanças, aplicar conceitos de marketing pessoal na sua vida de um modo geral e repensar os seus anseios e as oportunidades que pode criar, colocando em prática todo um conjunto de ações que fazem parte do planejamento de carreira, como: identificar seus pontos fortes e fracos, analisar a concorrência, entender o cliente que pretende atender e coisas do tipo. Neste sentido você estará aplicando conceitos não muito diferentes do marketing convencional de um produto ou serviço.

No entanto, saber a hora certa de deixar o atual trabalho de lado para investir em sua própria empresa, ou mesmo dar um novo rumo à carreira, sempre dependerá da condição em que você se encontra. Se você não tem condições de se manter com um negócio próprio ainda em estágio embrionário, o melhor será buscar uma estratégia híbrida. Permanecer com um pé na segurança do trabalho atual, enquanto, com o outro, vai experimentando alguns novos passos. De qualquer forma você terá de investir tempo e dinheiro, porque dificilmente um negócio pode ser iniciado sem investimento. Mas é bom que saiba que nenhuma transição é suave, podem surgir problemas de ordem financeira ou técnica para tirar de vez o pé do terreno seguro do emprego atual.

Por isso, o planejamento, para quem trabalha numa empresa, deve ser feito tendo um olho na atividade atual e o outro nas portas de saída, porque elas podem se abrir à sua frente para oportunidades inesperadas, ou serem fechadas atrás de você pelas contingências. Então, se por um lado a dispensa inesperada pode ser uma tragédia para quem amarrou seu plano de carreira à empresa na qual ingressou para trabalhar até se aposentar, por outro, para quem nunca deixou de ter uma carta extra na manga, a dispensa pode ser a oportunidade que faltava para um novo começo.

Em qualquer momento da vida, você deve saber da importância da fase de planejamento e replanejamento, e que para evoluir é preciso ter a visão de um empreendedor, a garra de um operacional e o tino organizacional de um administrador. Mas se quiser garantir seu futuro, é bom que nesta fase de transição tenha seu lado empreendedor um pouco mais desenvolvido, pois você dependerá dele para gerar ideias inovadoras, caso o único futuro que tiver pela frente seja saindo de onde está.

Retomando, se no seu caso ainda não for possível abandonar tudo para trabalhar no novo negócio, o melhor é continuar trabalhando em sua profissão atual e tentar ir aos poucos ampliando sua nova atividade. Mas assim como faz um 'hobbista', que emprega um tempo considerável em seu hobby, talvez à noite ou nos finais de semana, o ideal é investir um tempo diário em algo que ajude a sair da posição que hoje ocupa visando o lucro futuro.

A transição de carreira deve ser feita com um tríplice foco: um no trabalho atual, que não pode ser negligenciado, outro na nova carreira e outro no lucro. Todo novo negócio leva alguns meses até deixar de ser deficitário, o que é normal, mas se não tiver um bom plano ele nunca vai ser lucrativo, não importa o quanto se invista nele. Quem viveu a época da bolha na *internet* aprendeu que não basta ter dinheiro para investir se não existir um mercado real para o que se deseja vender. Muitas empresas gastaram milhões antes de perceberem que estavam em um negócio inviável.

Uma opção para quem deseja fazer essa transição de carreira pode ser buscar um outro emprego que lhe dê mais tempo para trabalhar no novo negócio. Um novo emprego pode significar um ganho menor, mas, pelo menos, será possível investir naquilo que se pretende ter como única atividade no futuro, sem medo do que o espera. Apenas lembre-se sempre de que nada será feito sem alguma dose de sacrifício, e é normal que a insegurança e o medo de novas situações batam à porta.

Por que mudar assusta tanto?

O medo do novo é algo que tem muito a ver com a configuração natural do ser humano, que parece ter sido criado para economizar energia, procurando sempre o caminho mais curto, o trabalho mais fácil e a solução mais rápida. Até o cérebro cria padrões para não precisar raciocinar da próxima vez que encontrar os mesmos padrões. Por isso, aprendemos a ler unindo letras e depois não conseguimos mais enxergá-las separadas, pois pensamos logo na palavra. Também por esta razão ninguém repara mais em um caminho cotidiano, a menos que existam mudanças significativas nele. Tudo para o cérebro economizar energia.

Transpondo os fatos narrados acima para o mundo do trabalho, fica claro que você precisará reeducar seu cérebro e estimular outras capacidades inerentes a todo ser humano, como a curiosidade e o ímpeto por novas descobertas. Existe aí algo como uma luta dentro de todos: por um lado você irá querer descobrir coisas novas, mas por outro tentará evitar qualquer esforço no processo. Talvez venha daí a criatividade humana para a invenção de coisas que facilitam a vida, reduzem o esforço do trabalho e possibilitam o ócio, que é o momento quando geralmente se encontra o tempo para criar coisas... e o ciclo se repete.

A criatividade é o principal aspecto motivacional da mudança, e ela é, muitas vezes, a grande responsável por tornar os profissionais capazes de enxergar as oportunidades com uma relação custo-benefício favorável, principalmente em termos de esforço dispendido para enfrentar o novo a partir de uma visão diferenciada.

É assim que funciona também no marketing, quando se pensa "fora da caixa" ao estudar as possibilidades do mercado e os pontos fracos e fortes dos competidores, ao mesmo tempo em que se pensa "dentro da caixa", quando a maneira viável de colocar os pés "fora da caixa" é analisada com as limitações existentes. E é exatamente aí que entra a criatividade, que é a capacidade de encontrar infinitas formas de se fazer algo com recursos finitos. Com base nela, o sujeito é capaz, inclusive, de enfrentar medos ao fazer uso de recursos que encontra "na caixa" e ousar sair dela sem sucumbir ao arrojo de pensar que tudo é possível.

A maneira como as pessoas encaram as mudanças é muito relativa, e a resistência criada pelo medo também é diferente de pessoa para pessoa. Algumas são mais ousadas, pois não receiam perder o que conquistaram, enquanto outras são mais cautelosas. O fato de existir no mercado de investimentos diferentes perfis de investidores, mostra como o ser humano difere na hora de enfrentar o risco.

Mas não há dúvida de que o medo seja o principal inimigo da mudança. Medo de que as coisas não funcionem, medo de não ser capaz de acompanhar a mudança, medo de ficar de fora ou sobrar no final do processo. A maioria tem medo do novo e prefere permanecer na zona de conforto, ou seja, continuar fazendo tudo igual para evitar lidar com o desconhecido e inesperado. Você precisará ficar atento para que estes medos não boicotem seus esforços para mudar e influenciem seu plano para o segundo tempo de sua carreira.

Além do medo do desconhecido, há também o desconforto que vem com a mudança de hábitos. Muitos temem mudar por acharem que não terão um bom desempenho dentro de um novo contexto, por sentirem que perderão o controle das coisas, que precisarão trabalhar muito mais, ou simplesmente por não enxergarem a vantagem de sair de uma zona de aparente conforto. Mas, se você quiser realmente mudar, precisará enfrentar o medo e nutrir outros sentimentos como coragem, curiosidade e vontade de mudar.

Veja a mudança com outros olhos

A mudança deve ser sempre vista como a mola propulsora da criatividade e da inovação. Quando você olha para a história da humanidade, percebe que as grandes mudanças ocorreram justamente nos momentos de crise, como nas guerras. A tecnologia evoluiu, novos medicamentos foram descobertos e até mesmo o mapa do mundo foi redesenhado quando nações entraram em conflito.

Isto não quer dizer que as guerras sejam boas, mas é inevitável perceber que as pessoas, quando estão sob pressão, procuram fazer mais com menos e sempre descobrem maneiras de inovar. Antigamente as empresas mudavam pouco porque havia uma pressão menor do mercado e da concorrência, e o mesmo acontecia com os profissionais. Hoje, entretanto, o dinamismo do mercado força empresas e profissionais a acompanharem o ritmo para não sucumbirem.

Mudanças internas em uma empresa também geram oportunidades, porque elas tiram as pessoas da zona de conforto e realocam os talentos. Muitas inovações ocorrem quando pessoas diferentes se encontram e juntam suas ideias, porém isso é mais difícil de acontecer se não existir uma certa dose de mobilidade interna e uma boa comunicação entre pessoas e departamentos. O mesmo princípio vale para sociedades e parcerias de negócios, quando diferentes recursos se encontram para criar algo maior. Costuma-se chamar isso de sinergia, que é quando o todo acaba sendo maior do que a soma das partes.

O medo das mudanças é natural, mas é também o que sempre impulsionou o homem a buscar novas fronteiras. Ninguém escala uma montanha sem medo. Ninguém entra em campo para vencer o adversário com tranquilidade. É preciso adrenalina para funcionar a todo vapor e superar os próprios limites.

Outra característica que move o profissional é a curiosidade. Já pensou como seria o mundo sem inventores? Mas se há tantas coisas que hoje nos beneficiam, isso é o resultado de um batalhão de curiosos que ao longo dos séculos não se contentaram que as coisas permanecessem sempre iguais. Inventores são pessoas que enxergam um problema e têm o desejo de transformá-lo em uma oportunidade. Eles não acordam de manhã perguntando o que poderão inventar, mas qual problema pode desafiá-los na busca de uma solução.

Pessoas curiosas vivem a vida mais intensamente, não se acomodam. Existem oportunidades de melhoria em qualquer área de uma empresa e fora dela também, e quando alguém descobre uma forma de mudar a maneira de se fazer algo, isso pode ser uma oportunidade a mais para demonstrar sua capacidade e subir em sua carreira. Seu trabalho atual pode ser uma excelente academia para treinar e desenvolver essa aptidão para encontrar problemas e resolvê-los, e não fugir deles como fazem aqueles que gostam da estagnação.

Transformando dificuldades em oportunidades

O entusiasta da mudança encara os problemas como desafios e oportunidades, porque sabe que sempre que alguém inventou algo, e lucrou com isso, foi porque se deparou com um problema que ninguém conseguia resolver. Então ele passa a procurar "sarna para se coçar", por assim dizer, correndo atrás dos problemas porque eles representam oportunidades.

É preciso ter um certo sentimento de insatisfação com o "status quo" para enxergar oportunidade na mudança. A conscientização do seu papel na sociedade ou mesmo no próprio crescimento individual também auxilia na hora de tentar descobrir mais prós do que contras para mudar.

Observe que todas as profissões existem porque existem problemas. Há médicos porque há doenças; existem advogados porque há litígios; e engenheiros, arquitetos e construtores porque o mundo possui um clima adverso que impede que o homem viva ao relento.

Se você refletir sobre as mudanças dentro de uma empresa, perceberá que elas não são totalmente previsíveis. Como numa dança das cadeiras, a mudança é algo dinâmico que resultará em alguns sentados e outros de pé. Os proativos saberão se encaixar nos novos desafios, mas os acomodados ficarão esperando uma cadeira fácil, que pode não existir mais na nova configuração do trabalho. Para aqueles que têm o desejo de crescer, a mudança pode representar a oportunidade que buscavam, não só porque ela pode gerar reestruturação, mas principalmente porque poderá trazer crescimento e novas oportunidades.

O primeiro passo na gestão de uma mudança é criar um senso de urgência, obviamente depois que a necessidade da mudança já tiver sido detectada e uma estratégia traçada para ser colocada em prática. É necessário também buscar suporte para a mudança, pois sem o apoio de pessoas-chave nada sairá do papel. Em uma empresa, essas pessoas podem estar ao seu lado ou em outros departamentos. Em um negócio próprio, você pode precisar recorrer a consultores, organizações de fomento ao empreendedorismo ou até mesmo às redes sociais.

II Capítulo

Criando oportunidades a partir de suas habilidades

Uma vez percebida a necessidade de mudança, o profissional não deve sair por aí investindo tempo e dinheiro em um novo negócio sem os devidos cuidados, mesmo que ele se inclua no rol de pessoas muito bem-sucedidas profissional e financeiramente, e não tenha nada a perder.

Separar um tempo para analisar as possibilidades e oportunidades, ao mesmo tempo em que tenta alinhá-las aos sonhos e hobbies, é fundamental para que essa nova fase tenha alicerce na prudência.

Você já deve ter percebido que muitos negócios que poderiam ter sido viáveis entraram por um caminho sem volta justamente por terem começado sem o planejamento adequado. Quando o empreendedor descobre o caminho que deveria ter seguido, é tarde demais e seus recursos já foram todos consumidos com estratégias equivocadas.

Busque ajuda profissional para desenvolver um plano de negócio, caso julgue necessário, mas leve em consideração o porte de seu negócio. Disso irá depender a decisão por contratar ou não uma empresa de consultoria, um consultor independente ou uma organização como

Sebrae, por exemplo, que assessora inúmeros empreendedores a iniciar um negócio lucrativo e com os pés no chão.

Um plano de negócios bem feito irá livrá-lo de muitos problemas futuros. Faça um checklist de possíveis necessidades e intenções. Elabore perguntas sobre o seu futuro empreendimento e busque as respostas nos locais certos. Dedique-se. Empenhe-se em pensar, bolar estratégias, selecionar parceiros dentro e fora do seu *networking*. Veja se quer tocar o seu negócio sozinho ou se quer propor uma sociedade. Revire suas ideias e tente identificar os pontos fracos e fortes delas.

Também é muito importante analisar a própria carreira, já que no mercado duas coisas são essenciais: competência e exposição. Antes de pensar em se expor, o profissional precisa pensar em avaliar seus pontos fortes e fracos e fazer um planejamento de carreira, que é o cerne do marketing pessoal.

Marketing pessoal

Embora seja costume chamar de "marketing" qualquer ação de propaganda ou publicidade, o marketing pessoal começa com um diagnóstico do mercado, das competências de um profissional e também das competências dos competidores, passando pelo desenvolvimento do "produto", que é aquilo que se pretende oferecer aos clientes, após estes terem sido claramente identificados. As ações de publicidade e propaganda vêm depois que você tiver a certeza de possuir um "produto" sem falhas, pois fazer propaganda de algo ruim só ampliará o número de pessoas que ficarão cientes disso.

Assim, o profissional deve passar a se preocupar com sua profissão de forma holística. Deve colocar no mesmo patamar de importância de sua prática profissional questões como saúde pessoal, aparência e aprendizado contínuo. Buscar constantemente por atualização, aprimoramento técnico, adequação ao ambiente de trabalho e comunicação com o cliente, além de tantas outras questões que fazem parte do planejamento de marketing de qualquer produto ou serviço.

O grande erro está em pensar que marketing pessoal seja apenas uma preocupação com o exterior, com a imagem e a autopromoção profissional. Uma verdadeira abordagem de marketing envolve tudo, desde pesquisa de mercado, planejamento de um produto ou serviço, até seu desenvolvimento e avaliação da satisfação de seus clientes ou usuários.

O planejamento de marketing de um sabão em pó, por exemplo, começa com uma avaliação do mercado, das pessoas que irão utilizá-lo, de suas necessidades e anseios; passa pelo laboratório de desenvolvimento do produto, pela análise de viabilidade financeira, identificação de pontos fortes e fracos do produto e de seus concorrentes. E depois segue um longo caminho até chegar à embalagem, que será a comunicação ou interface externa do produto que causará impacto no consumidor.

Todos sabem que dentro daquela caixa deve existir muita tecnologia, trabalho e investimento, caso contrário o produto será um fracasso e as pessoas jamais voltarão a comprá-lo. Use isto como uma analogia para sua área e atividade e você terá a visão correta do verdadeiro papel do marketing na prática da função profissional.

E, na prática, como isso se dá na vida do profissional? Como todo trabalho de marketing, o seu também deve necessariamente começar pelo cliente, que será o primeiro beneficiado dos serviços que receberá. Por exemplo, um dermatologista, ao fazer seu planejamento de marketing, descobre que existe uma grande preocupação do público com a relação do banho de sol e o câncer de pele. Ele passa a estudar com afinco a questão e se torna um especialista nisso. A partir daí, passará a direcionar sua carreira mantendo o foco nesse cliente específico, equipando seu consultório para sua função, participando de simpósios, entrevistas e debates sobre o tema na mídia e se transformando em uma autoridade no assunto. Se por um lado, essa interação com seu público estará ajudando muita gente a se manter informada sobre os cuidados a se tomar em relação ao banho de sol, por outro, ele ganhará exposição e respeito em seu segmento de mercado, o que o obrigará a manter-se cada vez mais informado. A responsabilidade de quem se expõe é sempre maior do que a do profissional que exerce suas funções nos bastidores. É um processo de aperfeiçoamento contínuo que acabará se transformando em benefícios para seus clientes.

Invista em você

Como vimos, o marketing pessoal é parecido com o marketing de marca, produto ou serviço em muitos aspectos. As diferenças começam principalmente na hora da comunicação do produto que, no caso do marketing pessoal, nada mais é do que o profissional e suas competências. Enquanto o marketing convencional pode usar de sua ferramenta "propaganda" com maior liberdade, o marketing pessoal não deve fazer o mesmo.

Ver na TV uma propaganda de detergente dizendo que aquela marca "A" é a melhor do mundo e superior à marca "B" não costuma chocar os telespectadores. Isso soa perfeitamente natural quando se fala de sabão, carro ou cerveja. Mas se algum profissional aparecer na TV dizendo que ele é melhor do que fulano ou beltrano, imediatamente será rechaçado. As pessoas o considerarão antipático ao extremo, pois todos aprenderam que a autopromoção não é algo lá muito ético.

Outra diferença entre o marketing de um produto e o de uma pessoa está na administração da pessoa e sua carreira. Uma fábrica de detergentes pode muito bem tirar do mercado uma marca que está com problemas ou não teve boa aceitação, substituindo-a por outra. É o caso também daqueles restaurantes que colocam uma faixa com a frase "Sob nova direção", para indicar que o gerente ruim já foi despedido ou o estabelecimento pertence a alguém mais competente. Um profissional não pode fazer isso. Se ele causar uma impressão ruim ou não atender as expectativas do mercado dificilmente poderá passar uma borracha no seu nome e será quase impossível mudar sua fórmula, como se faz com detergentes, ou provar que agora está "sob nova direção".

É neste sentido que a ideia de marketing pessoal como simples autopromoção encalha, pois se um profissional ficar conhecido como inapto, é assim que sempre será visto, mesmo depois de se aperfeiçoar e corrigir seus erros. Por esta razão, o marketing pessoal não é focado na autopromoção e nem mesmo na propaganda, mas na "fabricação", por assim dizer, do produto que é o próprio profissional. O melhor é que um profissional semiacabado não chegue a ficar conhecido até que tenha suas capacidades bem desenvolvidas, ou ficará mais difícil desconstruir a marca ruim que ele deixou no mercado para depois construir a boa.

O cineasta norte-americano Woody Allen disse certa vez que 80% do êxito consiste em aparecer, mas é fato que os mesmos 80% do fracasso também consistem em aparecer. Suponha que você seja uma cerveja em lata recém-fabricada para ser lançada no mercado. Sua fórmula ainda não está aperfeiçoada, você causa dor de cabeça e ressaca, e até mesmo sua embalagem foi mal calculada e amassa com facilidade. Fazer você aparecer neste momento será um desastre. Quanto menos gente ficar sabendo que você existe, melhor. Se fizer publicidade agora, muita gente irá conhecer esses defeitos e depois ficará difícil reverter a péssima imagem que deixou no mercado.

Primeiro, você precisa se conhecer, se aperfeiçoar e se preparar, já que está dando início a uma fase completamente nova da sua vida. Aos poucos você poderá ir criando alguns momentos de degustação para medir a reação das pessoas ao sabor que você causa na percepção delas. É claro que você pode até querer alardear essa versão incompleta de você, mas é bom saber que ela estará pronta apenas para uma parcela de seu público, justamente aquela que é tão amarga e intragável quanto você é neste momento antes de aperfeiçoar a fórmula. Se for essa parcela que você deseja atender, então vá em frente. Todos sabemos que o mau gosto também tem seu público fiel, mas isso ocorre só até esse público ficar mais sofisticado e buscar por algo melhor.

Portanto, antes de ficar conhecido, é melhor você ter algo que valha a pena as pessoas conhecerem; é melhor ter recheio, ter sabor, ter um algo a mais para não ser apenas mais uma pessoa perdida na multidão ou, o que é pior, conhecida como sendo de péssima qualidade. Mas, mesmo quando atingir esse estágio, continue tomando cuidado com a autopromoção. Essa é uma questão que deve ser reforçada, já que a maioria das pessoas tem dificuldade em perceber que elas só têm a perder com ações de autopromoção.

Lembre-se, é melhor começar por baixo, devagar, e evitar a autopromoção.

A melhor promoção é aquela que as outras pessoas fazem de você, e não você de si mesmo. Voltando à cerveja, imagine uma propaganda de página inteira no jornal contendo a sua marca e na página oposta uma pequena nota escrita por um jornalista especializado em cervejas falando da concorrente. Em quem você acha que as pessoas vão acreditar? Na propaganda de página inteira comprada ou na opinião do especialista, ainda que tenha sido publicada numa pequena nota de dois centímetros?

Mas o ponto é: como fazer para criar essa aura que estimula outros a fazerem essa promoção de você? A resposta é simples: dando a essas pessoas algum benefício que as deixe tão satisfeitas que tenham prazer de falar de suas qualidades. Essa, sim, é a melhor promoção, especialmente na esfera profissional. É comum ouvir falar em agregar valor quando o assunto é um produto ou serviço. O mesmo vale para pessoas. Veja que o valor agregado não é algo que irá beneficiar o produto ou serviço, mas sim as pessoas que entrarem em contato com ele. O valor é agregado ao produto para trazer benefício às pessoas. Se você quiser ficar conhecido, deve ter algum valor, e esse valor ser traduzido em benefício para as pessoas ou empresas com as quais entrar em contato.

No filme *Do que as mulheres gostam*, quando a personagem protagonizada por Helen Hunt chega ao seu novo emprego, estão reunidos numa sala todos os funcionários da agência de propaganda, odiando a chegada de uma contratada de fora. Sua contratação impedia que o personagem de Mel Gibson fosse promovido e puxasse atrás de si outras promoções de pessoas da própria agência. Ela não chega criticando, mas elogiando a empresa e zombando de sua própria incapacidade de conseguir emprego ali nas duas vezes que havia tentado no passado. É só depois desse preâmbulo e de mostrar competência que ela diz que se uma empresa de produtos femininos quisesse promover algum produto para a mulher, aquela agência seria a última que procuraria.

Você acreditaria se eu dissesse que a imagem de cada um vai e volta?! Por isso, é importante prestar atenção nas reações que a sua presença e atitudes provocam. Se elas são de alegria, interesse, confiança, positivas ou negativas...

Assim como empresas de produtos fazem constantemente pesquisas de mercado, você precisará ter essa percepção do feedback que as pessoas dão de sua imagem, seu modo de ser, sua capacidade profissional ou qualquer outra característica de sua pessoa. Mas, para isso, é preciso uma boa capacidade de ouvir o que os outros têm a dizer. E o problema é que nem sempre gostamos de opiniões negativas. A melhor maneira de superar isso é considerar os outros como consultores gratuitos.

Uma empresa contrata um consultor para analisar seus processos, suas pessoas ou seus produtos e fazer um diagnóstico para, a partir dele, sugerir melhorias. Se você desprezar o diagnóstico que as pessoas fazem de você, como saber o que melhorar? É preciso aí uma certa dose de humildade para acatar críticas e sugestões, e também disposição para mudar aquilo que está claramente prejudicando sua imagem e que poderá refletir em seu futuro negócio no mercado que pretende atuar como profissional, ou até mesmo no círculo de pessoas com as quais se quer conviver.

Analisados os aspectos profissionais e conhecidas as suas limitações e potenciais, talvez seja agora a hora de dar início ao seu novo empreendimento com um bom plano de negócio a partir da análise do mercado.

Iniciando o seu empreendimento – Análise de mercado

A inspiração que os novos empreendedores encontram em empresas que nasceram literalmente em garagens lhes ajudam a vencer o primeiro obstáculo, que é o preconceito que o próprio empreendedor carrega de que o dinheiro seja condição essencial para a vitória. Nem sempre é. Todos assistem hoje à morte de grandes empresas cujos problemas não estavam, em princípio, na falta de dinheiro, mas na falta de criatividade e velocidade de mudança.

Quando o risco é pequeno, fica mais fácil ousar, e dificilmente um novo empreendimento consegue espaço no mercado hoje se não tiver uma boa dose de ousadia. Alguns, talvez, se espantem com isso, mas a falta de recursos, tanto financeiros como de informação, pode ajudar em alguns casos. Não entenda mal: não se trata de uma apologia à pobreza e ignorância empresarial. Todavia, basta uma leitura livre de preconceitos daquilo que acontece na prática em alguns novos empreendimentos bem-sucedidos para perceber que informação e dinheiro demais teriam atrapalhado.

É a velha história do empreendedor que fez porque não sabia que era impossível fazer. Um empreendedor sem recursos não poderá contratar uma consultoria cinco estrelas para saber que direção tomar. Se pudesse, ele provavelmente tomaria a decisão usual e estaria concorrendo com milhões de outros no mesmo caminho. Como não pode, apela para a criatividade, a única capaz de transformar ideias em pepitas. Alguns tocam seu instrumento por um bom tempo até descobrirem que há partituras e técnicas para fazer de modo acadêmico o que já fazem de ouvido.

Na décima edição de seu livro *Administração de Marketing*, Philip Kotler divide o marketing em três classes: Empreendedor, Profissionalizado e Burocrático. Classes estas nas quais a criatividade ocorre em proporção inversa aos recursos disponíveis. Para o primeiro caso, ele usa o exemplo da Boston Beer, tirado do livro *Marketing Radical*. Trata-se de um pequeno fabricante de cervejas nos Estados Unidos que utilizou uma inusitada estratégia de marketing para se intrometer entre os gigantes.

Sua conclusão é que você não precisa adotar as práticas acadêmicas de marketing para vencer. Ignorar algo das estratégias ensinadas nas universidades pode ser um dos diferenciais positivos dos novos empreendedores. Marketing e negócios são disciplinas que, historicamente, aprenderam com a prática antes de serem teorizadas. Se não fosse assim, não teríamos tantos livros novos sobre o assunto, apresentando casos de sucesso baseados em estratégias nunca antes experimentadas.

Mas esses são alguns casos, pois a estrada rumo ao sucesso está cheia daqueles que tombaram justamente por falta de informação ou recursos. Se você tem acesso a capital e inteligência de negócio, faça bom uso disso. Se não tem, não se iniba achando que é impossível vencer sem uma boa conta bancária ou um mestrado em marketing.

A vantagem que o novo empreendedor tem hoje é que, embora ainda não encontre dinheiro crescendo em árvores, pode achar muita informação de marketing e estratégia de negócios em livros, revistas ou na *internet*. Mesmo assim, vai precisar de discernimento para filtrar e criatividade para aplicar. Informação de nada vale se não for transformada em conhecimento e este colocado em prática na forma de competência.

No desenvolvimento desse novo negócio quem sabe não seja a hora, nessa segunda etapa da vida profissional, para o início de um negócio que tenha como produto um grande hobby. Algum dia você já deve ter cogitado a possibilidade de transformar o seu hobby em sua fonte de renda, ou mesmo de fazer uso de suas habilidades para isso, não é mesmo? Então, por que não trazer de volta essa ideia e viabilizá-la?

Seu hobby ou suas habilidades podem dar vida a um novo negócio

Essa possibilidade é a melhor do mundo, porque aí você estará naquilo que se costuma chamar de "ócio criativo". Você gosta tanto do que faz que nem chama mais isso de trabalho, mas de prazer, fazendo jus à tão famosa frase de Confúcio: "Escolha um trabalho que você ame e não terás que trabalhar um único dia em sua vida".

Como acontece com qualquer outro produto ou serviço, se você deseja transformar seu hobby em um negócio, precisa ter visão empreendedora. Lembre-se, nem sempre é fácil para um apaixonado enxergar as coisas do ponto de vista empresarial, pois, por gostar demais do que faz, você acaba achando que as pessoas também irão gostar e pagarão por aquilo. A primeira coisa que você perceberá é que paixões — e hobbies são paixões — são coisas muito pessoais e limitadas a pessoas muito especiais.

Portanto, aqui a dica de ter os pés no chão é bastante válida, mesmo para quem acumulou anos de experiência como empresário e quer se entregar ao seu maior sonho, ou seja, empreender ou investir em um empreendimento que envolva o seu hobby. Meu conselho é: esteja aberto a opiniões, sugestões e críticas de outras pessoas. É comum o 'hobbista' viver em um mundo à parte e se considerar um incompreendido ou até um excêntrico. Mas, se quiser participar do mercado, é bom entender que encontrará ali todos os tipos de pessoas, desde os puristas como ele até aqueles que não terão qualquer respeito por seu hobby, mesmo que paguem para tê-lo.

É o caso do artista que monta sua própria galeria e acaba descobrindo que as pessoas vão até lá não para comprar sua tão querida arte, mas para encontrar um quadro na cor que combine com o sofá.

Minha intenção aqui é mostrar que você também precisa estar aberto à possibilidade de seu hobby ser de pouco interesse para o público, e saber agir caso descubra que uma atividade paralela ao hobby pode se mostrar mais lucrativa. É o caso do artista do exemplo, que pode acabar sendo obrigado a transformar sua galeria em uma oficina de molduras; ou de uma estilista que abre sua confecção de vestidos finos e depois vê suas máquinas e costureiras melhor aproveitadas fabricando bonés para empresas que vendem brindes.

A vantagem de você transformar seu hobby em um negócio é que isto estará acontecendo anos depois de ter se envolvido com o assunto. Se você souber aproveitar o conhecimento que adquiriu e a sua habilidade nos negócios, transformando tudo isso em valor agregado, as chances de sucesso serão maiores.

Muitas lojas de informática abriram e fecharam no início da história da computação e, em muitas delas, o que fez a diferença foi o conhecimento aliado ao tino comercial. O cliente sempre preferia ser atendido por alguém que soubesse explicar como usar seu novo computador e só por isso deixava de comprar em um supermercado. No início, os computadores não eram nada amigáveis, e muitas grandes magazines tiveram suas tentativas de entrar nesse mercado frustradas por faltar aos seus vendedores justamente o know-how que qualquer 'hobbista' de informática possuiria.

Há muitos hobbies na *internet* que acabaram se transformando em negócio. Joe Penna, por exemplo, é um brasileiro radicado nos Estados Unidos que transformou seu vídeo-musical em uma alavanca para uma carreira bem-sucedida tanto na *internet* quanto fora dela. Outro caso de 'hobbista' surpreendido pelo sucesso de um hobby que não tinha qualquer pretensão de transformar em negócio, mas apenas de ser uma expressão de sua paixão, foi Salman Khan. Ele começou a dar aulas em vídeo no YouTube e acabou se tornando alvo de investidores como Bill Gates, que quis garantir a continuidade daquela ideia.

Acredita-se que muitas grandes empresas começaram de um hobby de seus fundadores. Profissionais de sucesso também trazem o mesmo em seus currículos. Na biografia de Ozires Silva, é narrado que ele já tinha aviões voando no sangue muito antes de fazer a Embraer decolar. Bill Gates transpirava software bem antes de a Microsoft ser uma realidade. Nas primeiras feiras de informática dos Estados Unidos, muitos encontraram um Bill Gates que não passava de um garoto com uma pasta debaixo do braço recheada de ideias que tentava vender. Na realidade, não é exatamente o hobby que é transformado em um negócio, mas a paixão.

Portanto, se você tem um hobby, e principalmente um que exige muito conhecimento, saiba que esse conhecimento pode ser o seu diferencial de sucesso. Mas seus clientes não saberão que esse conhecimento está disponível se não existir uma estratégia adequada de comunicação. Até mesmo na divulgação de seu negócio, o 'hobbista' especialista tem vantagem. Se você conseguir fazer um nome no segmento, o que ficou mais fácil hoje com a *internet*, blogs e redes sociais, cedo ou tarde seu telefone acabará na agenda de jornalistas que irão procurá-lo sempre que uma pauta exigir aquele tipo de conhecimento. Assim, mesmo não tendo condições financeiras de utilizar a imprensa para fazer propaganda, você poderá, depois, fazer uso dessas aparições na mídia jornalística como forma de divulgar seu negócio e agregar valor à sua marca.

Há pouco tempo, qualquer hobby mais incomum encontraria uma barreira no pequeno mercado local onde o 'hobbista' estivesse situado. Hoje, a *internet* criou possibilidades que antes não existiam. Se você fosse um aeromodelista morando em uma pequena cidade de interior provavelmente seria o único apaixonado na cidade, portanto abrir uma loja de aeromodelos e equipamentos nessa cidade seria algo insano. Mas fazer o mesmo usando o comércio eletrônico hoje pode ser viável, desde que você tenha uma boa estratégia de atendimento, entrega e principalmente divulgação.

Dar início a um novo negócio partindo de um hobby parece muito difícil, mas em nada se diferencia de uma empresa que nasce de outra forma, já que o caminho a ser percorrido em qualquer um dos casos é o mesmo, exceto por algumas particularidades. O fato é que, com a ideia em mãos, o 'hobbista' que virou empreendedor deve começar do zero o seu negócio, desde a fase em que se checa a viabilidade da empresa até a sua abertura e consolidação.

Será que, conhecendo tão bem o público que se interessa pelo seu novo negócio e quase tudo o que acontece no mundo relacionado a ele, mesmo assim existiria a necessidade de você fazer um esboço do negócio e verificar se ele será mesmo viável, ou o quanto deverá investir, se o seu negócio precisará de uma loja física ou virtual? A resposta, como já mencionado anteriormente, é 'sim' para todas as questões. Nada eliminará a necessidade de um planejamento de marketing bem feito para ficar claro qual o potencial do mercado, custos de implantação e manutenção do negócio, perfil dos clientes, forma de promoção, localização da empresa, logística de entrega e todas as outras variáveis indispensáveis à criação de qualquer tipo de negócio.

O praticante do hobby é geralmente um liberal naquilo que faz. Pode até deixar de comer para investir no hobby que é, na maioria das vezes, um investimento sem retorno. É aí que está a grande questão: o praticante de um hobby é, antes de tudo, um gastador, cujo retorno está apenas no prazer desta prática. Já o empresário deve ser um investidor, cujo retorno deve ser em dinheiro. Se o praticante do hobby for muito entusiasmado apenas com a prática disso, é bom que contrate alguém mais "pé-no-chão" para planejar e dirigir seu negócio.

Por isso, se o entusiasta colecionador de selos costumava trocar seus selos por outros, o comerciante de selos não poderá entrar pelo mesmo caminho ou correrá o risco de nunca ter dinheiro em caixa. Apenas selos. A prática da troca ou permuta, comum em um hobby, é inviável em um negócio onde o dinheiro é o elemento de troca. Se alguém tem prazer em fazer pão de queijo para distribuir entre a família, amigos e vizinhos em troca de elogios, essa prática mudará radicalmente assim que o pão de queijo se transformar em um negócio.

Desde que adquira uma clara visão de negócio e seja capaz de controlar sua paixão, o entusiasta de qualquer hobby tem grande potencial de se tornar um empreendedor de sucesso. Se não fosse assim, não haveria hoje fabricantes de carros de rali que antes eram corredores nestas provas; restaurantes que tiveram origem na cozinha da casa de alguém ou empresas de software iniciadas por adolescentes.

O primeiro trabalho do 'hobbista' é despir-se do hobby e olhar o mercado de forma imparcial. Será que na região onde ele mora alguém irá querer comer o *escargot* que ele cria com tanto carinho? Existe infraestrutura para instalar sua pista de kart? Será que alguém pagaria para ler os livros de poesias que ele adora escrever? Em suma, estas e outras perguntas ele deve mencionar em seu plano de negócio, que deve ser elaborado da forma mais imparcial possível.

Nos anos 1980, conheci um carioca tão entusiasta da boa forma que abriu uma academia de ginástica superequipada em uma cidadezinha de pioneiros no interior do Mato Grosso. Só depois que os equipamentos estavam instalados e as paredes cobertas de caros espelhos foi que ele descobriu que a população fazia ginástica o dia inteiro, na enxada ou correndo atrás dos bois. Ninguém estava interessado em pagar para suar depois do expediente.

Na mesma cidadezinha, visitei uma sorveteria toda equipada para fabricar sorvetes, montada por um paulista que achou que vender os gelados em um lugar quente como aquele seria um grande negócio. Curiosamente, ninguém ainda tinha tido aquela grande ideia, por isso ele investiu pesado em equipamentos de fabricar sorvetes. Depois de instalada sua sorveteria de equipamentos novíssimos, ele descobriu que a energia elétrica da cidade, produzida por geradores, só estava disponível durante algumas horas da noite. Quando o sorvete começava a congelar a energia era desligada.

Mesmo que o profissional entenda muito daquela atividade que pretende exercer, não significa que ele entenda de marketing, administração e finanças. Todo negócio, independente do segmento, funciona à base de três competências principais: administração, execução do trabalho e visão ou marketing. O primeiro controla, o segundo põe as mãos na massa e o terceiro planeja e aponta o binóculo para o futuro. Por isso, deverá sim recorrer a quem entende, sejam essas pessoas profissionais contratados na forma de assessoria ou consultoria, ou mesmo contatos feitos ao longo dos anos – o chamado *networking*.

Networking pessoal

Não há um tempo certo para planejar a carreira, mas existe sim um tempo certo para se preparar para qualquer carreira. Esse tempo é quando se começa a interagir com as pessoas, e isso acontece na escola. O colega da carteira ao lado poderá ser seu patrão, cliente ou parceiro de negócio no futuro.

É sabido que o *networking* é o pontapé inicial para qualquer carreira bem-sucedida, pois é a partir dele que as possibilidades serão criadas. Se hoje você pode recorrer ao seu vasto *networking* para dar prosseguimento a essa nova etapa de sua vida profissional, é sinal de que trabalhou de forma eficaz nos anos anteriores.

O modo como você se relacionou com as pessoas ainda nos tempos de aprendizado ajudou a definir o sucesso de sua carreira. Qualquer profissional, hoje, depende de saber cultivar e manter relacionamentos, por isso nunca é cedo demais para começar a interagir com colegas e amigos pensando no futuro.

Todo *networking* é importante, pois cria um efeito de capilaridade e permite influenciar um número exponencial de pessoas. Considerando que cada pessoa que faz parte de sua rede também está em uma ou mais redes de relacionamentos, quando você consegue entrar na rede de relacionamentos de alguém, está ganhando acesso às ramificações dessa rede.

É provável que você já possua uma rede de relacionamentos no mínimo razoável e que possa fazer bom proveito dela para colocar o seu novo plano em prática. Utilizar a sua rede de contatos para buscar sugestões, possíveis parceiros e mesmo conselheiros, claro que dos contatos mais próximos, é uma excelente forma de deslanchar e de atestar que possui um plano promissor em mãos. Afinal de contas, em todos esses anos no mercado você investiu para o futuro, mesmo que não tenha dado conta disso, e agora poderá usufruir do auxílio de diversos profissionais.

Quando buscar o seu *networking*, é importante estar aberto às críticas e verificações regulares do caminho que foi tomado. Apesar de admirarmos pessoas que se apegam a um plano e enfrentam toda oposição do mundo para vencer, no final são poucos os que chegam inteiros ao outro lado. A maioria acaba se perdendo no caminho e sucumbe por não aceitar críticas e sugestões.

Dar o braço a torcer, saber reconhecer que estava errado, perguntar a opinião de terceiros, pesquisar com aqueles que já trilharam o mesmo caminho — tudo isso não deve faltar na hora de pensar no seu novo negócio.

É preciso lembrar que as redes de contatos são orgânicas, isto é, elas crescem, se multiplicam, se comunicam e se reestruturam à medida que os estímulos e interesses mudam. Uma ação que pode criar um efeito importante em um dado momento e influenciar a rede, pode não ter qualquer importância em outro, ou talvez influenciar apenas parte desta rede. Essa mesma ação pode ser responsável também pela redefinição e reestruturação da rede, fazendo com que elementos desinteressados se desliguem e outros sejam agregados.

É fato que as redes podem ser melhor exploradas por profissionais liberais, já que faz parte da natureza de uma rede ser composta por seres humanos, e não por entidades jurídicas. Enquanto as empresas precisam de um grande esforço e investimento para se fazer ouvir no mercado, mesmo aproveitando o poder de *networking* que as novas mídias oferecem, são os indivíduos que obtêm proporcionalmente os melhores resultados. Isto quando é considerado o custo zero de investimento necessário para alguém criar e manter uma rede de relacionamentos e fazer uso dela para seu benefício profissional.

Existe uma ilusão muito grande de que uma rede de contatos seja uma rede de relacionamentos. Não é. Todos têm, em suas gavetas, uma enorme lista telefônica que, a rigor, pode ser considerada uma rede de contatos, já que a qualquer momento você poderia ligar e fazer contato com qualquer pessoa de sua cidade ou região. O problema é que na maioria das vezes não existe coisa alguma em comum entre você e um dos contatos dessa lista. O mais provável é que vocês nunca tenham trocado qualquer benefício e nem saibam da importância um do outro.

Então, rede de contatos não é o mesmo que rede de relacionamentos. As próprias redes sociais, muito populares hoje na Web, são confundidas com redes de relacionamentos, mas não são. Em suas redes sociais virtuais, é provável que você tenha inúmeros amigos, mas eles estão lá porque pediram para estar. Você conhece todos eles? É possível que não. Também é bastante provável que você não tenha nada em comum com muitos deles, a não ser o fato de estarem todos na mesma "lista telefônica de *internet*", por assim dizer.

Aprendidas ou relembradas estas lições, elas devem sempre estar na memória do empreendedor que, a partir de agora, deve se propor um aprofundamento nas disciplinas do marketing, as quais são uma passagem obrigatória a todos os que estão iniciando um novo negócio.

III Capítulo

Planejamento e Marketing

Há coisas que são comuns a todas as profissões. Um exemplo disso é que você precisa ter uma visão de marketing para qualquer atividade que exercer. Você precisa ter noções de finanças, de contratação e relacionamento com pessoas, visão organizacional, conhecimento de vendas e negociação. É enorme o número de atividades encontradas em qualquer empresa, e a experiência que elas te dão podem ser transportadas para sua carreira em diferentes segmentos. Muitos profissionais são completamente alheios a isso. Enquanto não trabalham na profissão exata que escolheram, acham que não há nada a aprender ali. É preciso entender que em qualquer trabalho é possível encontrar atividades análogas, cujos conceitos podem ser aplicados em outras áreas. As grandes invenções vieram de grandes analogias. Alguém viu uma chaleira e inventou a máquina a vapor.

Hoje, o marketing entrou em praticamente todas as esferas da vida. Fazer marketing é criar as condições ideais para que produtos, serviços ou mensagens alcancem seu objetivo, não importa se trata-se de uma venda ou da simples necessidade de convencer alguém de algo. O termo é hoje muito mais abrangente do que a definição acadêmica de alguns anos atrás. Você certamente já ouviu alguém comentar que *o marketing* de fulano foi bom, por isso ele conquistou tal pessoa.

Por esta razão, já não se pensa em marketing apenas como uma profissão ou área de atuação, mas como uma necessidade. A diferença entre o profissional dedicado exclusivamente ao marketing e os outros fica por conta da abrangência. Mais ou menos como a diferença entre o médico e o cidadão moderno. Ambos devem ter conhecimento de cuidados com a saúde, higiene, alimentação, contaminação, peso, pressão, colesterol, calorias etc. O primeiro é especialista, o segundo não, mas ambos precisam conhecer o assunto.

O que tem acontecido é que pessoas que poderiam ser chamadas de "pacientes", por necessitarem de marketing apenas para os cuidados do dia a dia de sua profissão ou negócio, acabam gostando da coisa e se transformando em especialistas autodidatas, e com grande sucesso. A razão disto é que o marketing exige um grau elevado de intuição, imaginação e criatividade, além de conhecimento. Aí a formação acadêmica acaba tendo de "correr atrás" das novas tendências de marketing que surgem todos os dias, geralmente nascidos de mentes não especialistas.

Em seu já clássico *Administração de Marketing*, Kotler fala dos estágios de marketing vividos por uma empresa. Empreendedor seria o primeiro estágio. Isto é, o marketing criativo e barato, quando a empresa começa a ensaiar seus primeiros passos no mercado. Mais equilibrada, ela depois adota o marketing profissionalizado, que tenta recriar, em laboratório e com ingredientes artificiais, o marketing empreendedor original. Finalmente, já estabilizada — para não dizer inerte — a empresa adota o marketing burocrático, cheio de gráficos, pesquisas, tabelas, cálculos de retorno de investimento e outros recursos. Muito bom para justificar a existência de um departamento ou livrar gerentes e diretores do risco de deixar correr solta a "terrível" intuição, evitando assim qualquer espasmo de criatividade.

Kotler confessa que seu livro ensina, em sua maior parte, um marketing profissionalizado, e justifica dizendo que quanto mais criativo e intuitivo for o marketing, menor sua possibilidade de codificação literária e transmissão acadêmica. Kotler comenta essas três classes de marketing na edição em português de *Administração de Marketing*, após mencionar o livro *Marketing Radical*, de Sam Hill e

Glenn Rifkin (uma coletânea de estratégias criativas e de baixo custo que levaram empresas e produtos ao sucesso) concluindo: "Nem todo processo de marketing deve seguir os passos da Procter & Gamble".

A inclusão de um comentário sobre *Marketing Radical* na abertura da décima edição do livro de Philip Kotler é um refrigério para alguns que se recusam a enxergar marketing como uma ciência exata. "É mais fácil aprender a abordagem profissionalizada", diz ele em seu livro, já que é uma abordagem mais afeita ao hemisfério esquerdo do cérebro, o advogado racional que mora sob o couro cabeludo. Criatividade e intuição ficam para o hemisfério direito — o artista do "eu" — mais livre e solto para criar, porém nem sempre fácil de se interpretar.

Esse *marketing empreendedor*, como Kotler define, é o que todo mundo acaba assimilando, em menor ou maior grau. Mas, numa certa medida, é preciso que também receba boas doses do *marketing profissional* ou acadêmico, para estar equilibrado e em sintonia com a realidade. Daí a necessidade de todo profissional – leia-se 'qualquer pessoa' — aprender marketing, dos rudimentos à especialização, pois certamente acabará necessitando em alguma área de sua vida. Todavia, de nada adiantará fazer mil cursos se não existir a vontade de aprender, assimilar e aplicar. E, principalmente, de superar o que aprendeu, com algum novo conceito ou ideia que pode até acabar aparecendo em um livro acadêmico como mais uma nova tendência *empreendedora* do marketing.

Os princípios do marketing que começaram a ser popularizados a partir do final da década de 1950 e início dos anos 1960 continuam os mesmos. A ideia sempre foi, basicamente, de detectar as necessidades, desejos e expectativas, analisá-las e fornecer algo que atenda às pessoas e, ao mesmo tempo, proporcione lucro para a empresa.

O que ocorre é que a palavra "marketing" se deteriorou ao longo das décadas, se transformando em sinônimo de propaganda, mas isso foi feito por quem não entendeu o conceito. A propaganda — assim como a formulação de preços, determinação de segmentos de mercado, meios de distribuição etc. — é apenas mais um elemento do marketing.

Dentro do conceito de que marketing é a origem de qualquer projeto, produto ou serviço, não faz sentido investir em mídias sociais ou em qualquer outra ação se a empresa ainda não determinou qual é o público, o que ele precisa ou deseja, qual o produto ou serviço que melhor atenderá essa necessidade ou desejo, e, obviamente, qual o resultado que se espera obter.

Veja você que se aventurar no mercado sem um planejamento de marketing, seja ele desenvolvido por um departamento interno ou terceirizado para uma consultoria, é como começar a construir um edifício sem ter um projeto.

Imagine um incorporador lançando um edifício sem saber onde será construído, se o público tem a necessidade de mais edifícios, quantos andares terá, qual será sua finalidade ou que público pretende beneficiar. Ele não pode fazer isso sem um projeto, e, quando se fala em marketing, esse projeto envolve muito mais do que uma mera planta. Abrange também questões relacionadas à tecnologia que será empregada, ao modo como as pessoas pagarão pelo produto ou serviço, ao mercado de atuação, à concorrência, ao retorno do investimento, e, hoje, principalmente, ao estilo de vida adotado pelos cidadãos.

Por exemplo, muito comuns no Brasil, os edifícios residenciais com áreas de lazer e serviços compartilhados contendo cinema, piscina, academia, salão de jogos e festas, salões de beleza, dentre outros, não serão mais uma opção para o consumidor que, seguindo as regras de distanciamento social, preferirá investir em um imóvel totalmente privado que ofereça segurança à saúde de sua família.

Planejamento e estratégia

Qualquer planejamento empresarial e de marketing deve ser dinâmico o suficiente para mudar conforme surgirem necessidades ou oportunidades. A viagem que a empresa faz em cima de seu planejamento é algo como o roteiro que uma pessoa escolhe para o GPS. Em determinado ponto, quando ela vê que o trânsito ficou complicado, ela imediatamente pede ao GPS para criar uma rota alternativa.

Os empresários devem ficar atentos, principalmente, aos fatores externos, como a situação econômica do país e do mundo, ou até mesmo às ações da concorrência. Mas também é importante medir sempre a temperatura interna, pois um planejamento que não esteja trazendo os resultados previstos dentro do prazo que se esperava é um plano que precisa de revisão.

Como no caso do GPS, nessas horas é preciso ter a coragem de decidir por alternativas, que podem ser mais ou menos arriscadas do que deixar as coisas como estão. É como mudar de fila no trânsito: a outra pode parar e a que a gente estava começar a andar.

Mas pode muito bem acontecer o contrário. Resumindo, sem risco não existe empreendedorismo.

Mas as constantes mudanças não eximem o empreendedor de traçar um planejamento geral e uma estratégia que tenha em vista o sucesso e o bom andamento de seu negócio dentro do contexto no qual se encontra.

Uma das definições para estratégia dada no livro *Estratégias em Diferentes Contextos Empresariais: Fundamentos, Modelos e Perspectivas* é: "estratégia é o padrão ou plano que integra as principais metas, políticas e sequências de ações de uma organização em um todo coerente".

Para entender o que vem a ser a 'estratégia' e a sua importância na ordem da criação de um empreendimento de forma prática, é preciso primeiro compreender o sentido da palavra, que encontra origem no termo grego *stratègós*: "estratégia é a arte militar que tratava das operações e dos movimentos de um exército, a deslocação das suas forças, a escolha do terreno, a posição relativa das forças e as ações frente ao inimigo". Em resumo, a estratégia poderia ser definida também como o "O que fazer" da empresa. Já o planejamento poderia ser definido como "O como fazer".

Entendida a diferença entre planejamento e estratégia no contexto empresarial, é possível agora colocar no papel o seu plano de negócio com mais clareza do início ao fim.

Questões práticas – Passo a Passo para a elaborar o seu Plano de Negócio

Pronto para começar a descrever o seu plano de negócio? Não sem antes definir quais itens deverão ser minuciosamente abordados para a formatação de um plano completo e consistente.

É necessário adiantar que os itens mencionados a seguir poderão sofrer alterações dependendo dos autores e profissionais consultados, mas eles sempre conterão respostas a perguntas-padrão, por isso respondê-las é a prioridade.

Do sumário bem delineado aos possíveis anexos de seu projeto, os itens de um bom plano deverão conter:
- **Resumo de seu plano:** O que será o empreendimento; quais produtos e serviços serão oferecidos; quem é o seu público-alvo; onde se localizará a empresa; qual o valor total a ser investido; qual a expectativa de lucro mensal e quanto cada sócio (caso haja) irá receber; e qual o tempo

estipulado para a obtenção do retorno do investimento (ROI).

- **Setor da atividade**: Qual o seu ramo de atividade? Você será prestador de serviço, terá uma indústria ou comércio?

- **Informações do empreendedor e sócios/funcionários:** definição de funções; definições de cargos e salários; definição de bonificações e benefícios; e trabalhos que precisarão ser terceirizados.

- **Missão, visão e valores:** são pontos que parecem apenas uma formalidade, mas não são. Eles são responsáveis por relembrar ao empreendedor aonde ele quer chegar, mesmo em meio a mudanças, e de qual maneira fará isso, sem perder a essência inicial.

- **Forma jurídica**: Para saber mais sobre a sua forma jurídica, o ideal é ler e buscar ajuda de um contador, consultor ou mesmo do SEBRAE e programas locais que prestem assessoria gratuita a novos empreendedores.

- **Enquadramento tributário:** Veja qual será o porte de sua empresa e seus consequentes direitos e deveres tributários e fiscais.

Após finalizado e bem detalhado o seu plano de negócio, que poderá auxiliar até mesmo para que você consiga financiamentos, investimentos, sócios e parceiros para a sua nova empresa, é hora de buscar mais informações sobre o mercado no qual atuará.

Um bom ponto de partida é conhecer bem o público que usufruirá de seus produtos ou serviços, as suas necessidades, desejos e expectativas. Além disso, conhecer bem os seus concorrentes também se torna essencial, afinal de contas, como já disse o general Sun Tzu: "Se você conhece o inimigo e conhece a si mesmo, não precisa temer o resultado de cem batalhas. Se você se conhece, mas não conhece o inimigo, para cada vitória ganha sofrerá também uma derrota. Se você não conhece nem o inimigo nem a si mesmo, perderá todas as batalhas".

O que é preciso saber sobre os seus futuros clientes e o consumo na atualidade?

Historicamente, o marketing começa com a observação e análise do mercado — basicamente pessoas com poder de compra — para atender suas necessidades. Esta é a síntese de tudo. O atendimento às necessidades sempre caminhou atrelado à própria capacidade de atendimento gerada pela engenhosidade humana.

Talvez seja correto acreditar que as primeiras ações neste sentido são de quando a invenção do tear industrial tornou possível a popularização do vestir. Pela primeira vez havia toda uma indústria que podia detectar tendências no desejo e necessidades das pessoas e atendê-las rapidamente com diferentes tecidos, cores e padrões. O mesmo aconteceu com outras indústrias e vimos o princípio do século 20 se transformar na fase do atendimento às mais variadas necessidades humanas, sejam elas reais, criadas ou derivadas.

Pessoas com necessidades atendidas transferem seus desejos para o nível da expectativa. Não precisam apenas de um tecido para proteger o corpo e servir de adorno, mas também esperam que esse tecido não amasse, seja fácil de lavar, não desbote etc. A indústria correu, então, para atender a estas expectativas e também para gerar outras nem imaginadas pelo cliente, para continuar vendendo.

Com as necessidades atendidas e as expectativas satisfeitas, descobre-se que a indústria é o seu gênio da lâmpada. Tudo o que se deseja ele atende num estalo dos dedos – desde que se tenha um cartão de crédito entre os dedos, obviamente. Tal qual criança mimada, a sociedade começa a se cercar de exigências. Não basta apenas comida para satisfazer as necessidades básicas, ou que esteja quente para satisfazer suas expectativas. Quer-se já, sem demora, sem calorias, sem agrotóxicos, sem trabalho escravo, com garantia, embalagem reciclável, serviço de atendimento ao consumidor e tabelinha nutricional na caixa. E 'ai' da indústria se não atender as expectativas dela.

É claro que estes estágios não aconteceram todos de forma igual em todos os grupos sociais ou países. Há lugares em que algumas sociedades ainda se encontram na fase do atendimento às necessidades ou que ainda nem chegaram lá. Mas, nas sociedades ou grupos mais privilegiados, vive-se hoje na fase da exigência, que precede ou anda junto com a fase da frustração.

Perceba que esta frustração não está diretamente associada a um atendimento ruim ou falta de qualidade no que as pessoas compram. Nunca houve uma estrutura de atendimento tão sofisticada como a de hoje e jamais se viu produtos com tanta qualidade para quem tiver condições de escolher e pagar pelo melhor. Isso basta? Não. Aí vem a frustração.

A frustração é inerente ao ser humano e pode existir no melhor dos mundos. É aquela sensação que se tem ao abrir uma geladeira cheia e falar: "Estou com vontade de comer não sei o quê..." Este é o verdadeiro sentimento de frustração, de tristeza e insegurança mesmo quando todas as necessidades, expectativas e exigências tiverem sido atendidas. É claro que uma falha no atendimento a isso tudo causa frustração, mas não é desta frustração que falo. Já ouviu a expressão "reclama de barriga cheia?" É este o sentido.

Não serão novos produtos para atender necessidades, novos aditivos para atender expectativas ou novos controles de qualidade para atender exigências que poderão satisfazer uma sociedade enfastiada em sua frustração. As pessoas precisam cada vez mais de atenção (um produto que vai ficando mais caro à medida que o tempo se torna mais escasso). O número elevado de pessoas que se voltam para a espiritualidade mostra que, mesmo com tudo, o ser humano ainda é carente. Atender frustrações é atender carências.

Veja o mercado de trabalho em sua relação com a expectativa de vida. Todo mundo luta pela aposentadoria, não é? Parar de trabalhar, poder descansar, jogar dominó na praça. Mas isso era para um Brasil com um período de vida aposentada muito curto. Hoje a expectativa média quase dobrou. De, em média, 40 anos há um século, está-se hoje na marca dos 70 anos, e continua subindo. Imagine um aposentado passar 30 anos ou mais de vida produtiva jogando dominó na praça. Frustração.

Novas oportunidades, que eram raríssimas, são vistas o tempo todo, como, por exemplo, um mercado de recolocação profissional para a terceira idade, agora turbinada e ativa, com uma experiência acumulada que garoto nenhum consegue ter. Este é um típico mercado que deverá atender frustrações, que irá preparar esses profissionais, descobrir atividades adequadas e colocá-los de novo na roda cíclica de atendimento a necessidades, expectativas e exigências. Se virão frustrações depois? É claro, mas aí a conversa já foi longe demais. O foco agora deve ser na sua marca, já que a concorrência está acirrada.

E é nesse cenário que você encontrará o seu cliente em potencial, na busca por uma solução que o seu produto ou serviço oferecerá, seja ele pessoa física ou jurídica. Mas o que normalmente acontece é que, após se dar conta da necessidade de um determinado público, surgem os empreendimentos.

Após encontrado o público, chegou a hora de estudá-lo. Gênero, interesse, faixa etária, renda, escolaridade, local de residência e hobbies são algumas das características às quais é preciso atentar. Com os serviços oferecidos hoje por meio da *internet*, ficou muito mais fácil mapear o seu público e levar a sua empresa a ele. As ferramentas online são uma saída para quem ainda está procurando o público-alvo.

Seguindo a trajetória, o estudo pode ser feito a partir da relação que o cliente mantém com os produtos ou serviços que se pretende oferecer. Você deverá ler nesse público a frequência de compra, o local de compra, o preço que pagam e o preço praticado no mercado, caso haja um concorrente que atue na mesma área. Veja então que, enquanto você estuda o seu público-alvo, é perfeitamente possível estudar o seu concorrente observando e detalhando, em diferentes documentos, todos os itens anteriormente citados.

Todas as respostas obtidas ao longo dessa análise serão de auxílio para saber se o mercado realmente precisa da sua empresa. Além disso, a identificação de cada item fará com que você consiga, em um futuro próximo, posicionar a sua marca perante o seu público, com qualidade, no prazo certo, com o preço correto e, claro, com um excelente atendimento.

Criar e fidelizar a própria marca

Ao contrário do que muitos pensam, não é a propaganda a responsável pela consolidação de uma marca no mercado. A propaganda ajuda a manter a lembrança da marca ativa, e é aí que está seu mérito, pois as pessoas têm a tendência de esquecer de uma marca rapidamente e passam a se ocupar com qualquer novidade que apareça.

Mas a novidade passa se for apenas escorada em propaganda, sem criar uma experiência de satisfação e, o mais importante, uma divulgação pelo boca a boca. Esta sim é a maior responsável pelo saque de uma marca, ficando a propaganda com responsabilidade de manter a bola no ar o tempo todo.

O ponto é que, enquanto a propaganda está ligada à informação, o boca a boca está ligado ao conhecimento. Eu posso ver a propaganda de um carro novo na TV e ter o desejo de comprá-lo. Até este ponto, eu só recebi informações, e ainda assim de uma fonte que obviamente mostrará só os pontos positivos do produto.

A não ser que eu esteja obcecado pelo produto e acredite em tudo o que o fabricante me disser, provavelmente eu irei buscar uma segunda opinião de amigos, vizinhos, mecânicos e proprietários. É aí que vou encontrar algo além de informação. Vou encontrar o conhecimento de pessoas que tiveram uma experiência com aquele produto. Essa experiência é que estará ajudando a consolidar a marca.

Quando o celular foi lançado no Brasil, surgiram dezenas de operadoras que, por fim, acabaram sendo fundidas em algumas poucas. Naquela época, milhões foram gastos em propaganda na tentativa de fixar as marcas daquelas operadoras. Todos os dias, nós as encontrávamos nos jornais, revistas, outdoors, rádio e TV. Hoje, exceto pelas que permaneceram no mercado, é difícil lembrar de alguma delas.

O mesmo não acontece com grandes marcas do passado que, apesar de não existirem mais por diferentes razões, continuam presentes na memória do público. O que consolidou esse lugar foi a experiência que essas marcas criaram, servindo a propaganda como um lembrete constante de sua existência.

A fidelização de uma marca é criada quando o público a adota e ela deixa de ser de propriedade da empresa, mas das pessoas que enxergam nela algum benefício. Veja o caso do médico. As pessoas gostam de dizer "o meu médico falou que..." ou "a minha médica me ensinou que...". O médico ou a médica passa a ser propriedade do paciente quando este considera-se bem tratado por aquele profissional. Por isso, a parte mais importante de uma marca é o benefício que ela traz para o público individualmente.

A fidelização também ocorre quando o cliente descobre nela um benefício ou uma resposta aos seus desejos e expectativas. Há situações em que a fidelização acontece por identificação, quando o cliente se identifica com a marca, considerando-se alguém que possui os mesmos atributos que uma determinada marca representa. Assim, a pessoa pode nem mesmo ser consumidora da marca, mas passa a ser uma aliada e multiplicadora.

Neste sentido, existe mais gente fiel à marca Ferrari do que o número de pessoas que podem comprar um automóvel desta marca. Esta fidelização está, às vezes, até mais arraigada do que aquela do cliente que efetivamente compra o produto. Por isso, é bom lembrar que uma marca pode fazer muito sucesso e mesmo assim seus produtos serem pouco consumidos.

Quando a marca representa status, o cliente pode ser fiel por querer transmitir a mesma coisa que a marca transmite, e, neste caso, nem precisa ser um carro de um milhão. Uma bolsa, um boné, a miniatura de um carro, uma caneta ou mesmo uma camiseta, causam o mesmo efeito. E foi exatamente aí que a marca Ferrari viu uma nova oportunidade e passou a vender itens com a estampa da marca em suas lojas físicas e online.

Por isso, é importante lembrar que uma marca só existe quando ela tem a capacidade de marcar a mente de um determinado número de pessoas. Caso contrário, não passa de um nome ou um desenho representando um produto ou serviço que não interessa a ninguém. Portanto, antes mesmo de se pensar no desenho do logo e na comunicação da marca, é preciso ter resolvido muito bem a questão do nome.

Escolher um nome para a empresa é quase como buscar um nome para o filho. Um casal conhecido demorou em decidir que nome dar ao filho, pois, sempre que pensavam em um nome, o casal se lembrava de algum perdedor ou pessoa de péssimo temperamento. Por isso, é preciso cuidado na escolha de um nome ou marca, pois o nome poderá evocar um sentimento negativo na mente de seu público.

Além disso, é preciso estudar como aquele nome será pronunciado, para evitar cacófatos estranhos. Como exemplo, imagine nomear um produto com marcas como "Cada", "Concebo" ou "Fada". Um slogan usando esses nomes poderia ser um desastre: "Nós garantimos o serviço feito por CADA", "Prefira a cerveja CONCEBO" ou "Na hora de comprar, peça

FADA". O problema fica ainda maior quando as empresas passam a atuar no mercado internacional e podem ter um nome impronunciável em outros sotaques, ou com significados chulos. Algumas são obrigadas a adotar diferentes marcas para diferentes países, mesmo que mantenham sua comunicação visual da marca.

Na hora de escolher um nome, é importante também que este seja facilmente identificado. Se for preciso explicar ou soletrar cada vez que o nome da empresa for pronunciado, talvez seja melhor escolher outro nome. Obviamente se fala aqui de empresas que estariam sendo criadas agora e com esta preocupação, pois nem sempre isto poderá ser tomado como regra. Quem imaginaria que uma palavra tão estranha quanto "Google" poderia se tornar marca de sucesso e até se transformar em verbo?

Existem empresas que, no passado, escolheram nomes impronunciáveis ou estranhos para suas marcas, mas nem por isso deixaram de obter sucesso. Todos conhecem e muita gente gosta de uma manteiga chamada "Aviação", mas se você fosse usar os mesmos critérios descritos aqui, talvez jamais daria tal nome a uma manteiga. No entanto, alguém fez isso há décadas e a marca até hoje está aí para demonstrar que nem tudo funciona segundo as regras.

Já o processo de criação do logo e da comunicação visual deve ser entregue a profissionais, mas isto, mais uma vez, não é a regra. Um dos ícones da comunicação visual é o logo da Nike, conhecido e reconhecido mundialmente. O logo é tão forte que nem precisa vir acompanhado do nome da empresa. Quem o vê, lê o desenho como se fosse uma palavra: "Nike".

Curiosamente, ele foi criado não por uma grande agência, mas por uma estudante de design, Carolyn Davidson, que fez o desenho trabalhando como freelancer em 1971 e recebeu apenas 35 dólares pelo trabalho. Em 1983, Phil Knight, cofundador da Nike e quem encomendou o logo, convidou Carolyn Davidson para almoçar e deu a ela um anel de ouro e diamante gravado com o logo da Nike, além de um envelope com um número não divulgado de ações da empresa.

Há o caso também daqueles que já possuem uma marca, mas querem alterá-la. O que pensar sobre isso? Bom, a mudança de uma marca é uma decisão extremamente séria, pois ela tem tanto impacto quanto mudar o nome de alguém. É importante fazer pesquisas com o público consumidor e também com os investidores, se for o caso. Um nome que agrade aos consumidores pode não ser tão bom para atrair investimentos, daí a preocupação também com esta faceta da mudança de uma marca.

A mudança do nome da marca pode ou não ser acompanhado de uma mudança de seu logo, quando este é icônico e não textual. Grandes marcas podem também passar por uma mudança sem mexer na sua comunicação visual, já reconhecida e fixada na mente das pessoas.

Algumas logomarcas muito antigas são obrigadas a passar por um processo de rejuvenescimento de sua identidade visual. Um caso típico é o da concha da Shell, que mudou várias vezes ao longo das décadas, sempre na direção da simplificação visual, sem nunca deixar de lado a criatividade e o valor que a marca possui.

Criatividade, conteúdo e bom serviço

Ser criativo e inteligente vai muito além de vender um produto e uma marca esteticamente bonitos e famosos. Quer ver só? Veja as questões a seguir e tente respondê-las: Uma roupa de marca é melhor ou pior do que uma sem marca? Qual a marca de seu celular? E de seu notebook? Você acha que isso realmente importa? Por quê?

À primeira vista, um produto de marca mais cara e famosa pode até parecer melhor, até que se descobre que ambas são fabricadas no mesmo local. Hoje, muitos deles, de marcas concorrentes, caminham lado a lado em linhas de montagens terceirizadas dentro de uma produção de commodities.

O que sobra, então, quando os produtos ficam todos iguais, têm todos a mesma qualidade, oferecem as mesmas vantagens funcionais? A única peça que não pode ser padronizada é a pessoa que lhe oferecerá o produto, que fará o acompanhamento de sua satisfação. Este é o serviço e o seu valor. Serviço é algo intrinsecamente ligado ao ser humano, às suas nuances positivas e negativas e à sua criatividade.

O mercado terá cada vez mais lugar para serviços e pessoas criativas. É preciso estimular a criatividade individual e buscar somar seus resultados. Mesmo a criatividade individual se baseia nas ideias de muitas pessoas para nascer, portanto, para que as coisas aconteçam é preciso que as pessoas conversem, troquem ideias, sejam estimuladas a colocar na mesa suas opiniões, por mais absurdas que possam parecer.

Certo dia, um empresário que trabalhava de consultor em uma empresa de agronegócios apresentou à empresa um plano de exportar mel brasileiro para os Estados Unidos e foi ridicularizado por todos na reunião. Acharam sua ideia absurda.

Naquele momento, ele teve um lampejo de empreendedorismo e disse que ele mesmo colocaria em prática sua ideia. Os executivos da empresa perguntaram como ele faria aquilo, e ele respondeu que o momento de saber já tinha passado e eles não aproveitaram. Foi aí que ele se transformou em um exportador de mel. Quantas histórias de grandes ideias nasceram de funcionários de empresas que foram ridicularizados e acabaram se transformando em grandes empreendedores?

A criatividade pode e deve ser utilizada em todas as fases do seu empreendimento e, de preferência, sempre que possível. Não existe uma receita pronta nesse caso também, mas alguns exemplos poderão ajudá-lo a aplicar alguns conceitos no seu negócio.

Se o seu empreendimento for uma loja de automóveis, por exemplo, uma TV de plasma ou LCD exibindo continuamente cenas de corridas ajudaria a criar um clima diferente daquele que o cliente está acostumado a encontrar em outras lojas do segmento. Se o espaço for suficiente, uma parceria com um clube local de carros ou motos antigas, veículos de competição ou, se o espaço for pequeno, até exposição de automodelos pode criar um visual atraente mesmo para quem passa e não pensa em comprar naquele momento, mas acabará contando para amigos daquilo que viu naquela loja.

Tudo isso, e muito mais que a criatividade do comerciante poderá acrescentar, tem uma razão bastante plausível. O cérebro do ser humano está sempre atento às informações que são derramadas continuamente. Para economizar energia, uma vez identificado um ambiente e suas informações, ele automaticamente deixa de se ocupar com aquele cenário que acaba ficando gravado na memória. Na segunda vez que se entra no mesmo cenário, a atenção só será atraída se existir um elemento novo que cause uma ruptura nessa memória automática.

O cérebro faz isso para não precisar se ocupar com um mesmo cenário todas as vezes que entra nele. É por esta razão que já não se presta atenção no caminho de casa ao trabalho, quando o mesmo trajeto é feito todos os dias. Porém, se o trajeto estiver diferente porque aconteceu um acidente, porque pintaram algum grande prédio de outra cor ou por passar por um automóvel antigo estacionado ali, a atenção é despertada.

O mesmo vale para o ambiente de uma loja. É preciso revitalizá-lo constantemente para despertar a atenção e o interesse do cliente, além de criar sempre um sentimento de curiosidade, até inconsciente, do tipo: "O que será que vou encontrar ali?". Do jeito que a concorrência anda acirrada, o comerciante precisa estar constantemente pensando em criar uma "nova atração".

A indústria terá cada vez mais lugar para software e robôs. Estes produzirão coisas cada vez mais perfeitas, com índice zero de defeitos. Por outro lado, pessoas não são produzidas assim. Daí a necessidade do profissional e empresas de hoje se produzirem.

Inovação é o próximo passo depois da criatividade, que é a geração de novas ideias. Inovar é colocar essas ideias em prática para que ocorram mudanças, e estes elementos – criatividade, inovação e mudança – são parte integrante de uma gestão empreendedora.

Se você e os colaboradores de sua empresa forem bem formados e informados, o seu público já está em vantagem em relação aos clientes de seus concorrentes.

Ter informação privilegiada é também o que diferencia muitos negócios. Mesmo que as informações e conhecimentos que você e seus funcionários detêm forem de domínio público, sabendo aplicá-las para a melhor instrução do seu cliente, a sua empresa passará ao largo de muitos gerentes e empreendedores que não se empenham em buscar informação. Uma excelente saída seria assinar todas as publicações do seu segmento e disponibilizar o que for importante para toda a equipe. Se você tem uma loja, o seu funcionário já saberá que um determinado produto terá maior demanda e ficará atento para isso na hora de repô-lo nas gôndolas ou até de posicionar outros de menor demanda próximo a esses que terão uma venda quase certa. Quem compra a cerveja pode levar também o isopor ou até uma churrasqueira em promoção, se ela estiver próxima.

E é aí que a empresa começa a perceber o caminho certo para estimular o seu cliente. Daí surgem ideias para a fidelização de clientes por meio de campanhas promocionais, dentre inúmeras outras possibilidades.

Devo investir no marketing promocional?

Existem dois tipos de ações promocionais, quando se fala em comunicação empresarial. Existem as ações institucionais, que não se propõem a vender coisa alguma, mas apenas querem fixar ou manter uma marca viva na mente das pessoas; e as ações promocionais, com as quais se esperam resultados imediatos, como resposta ao estímulo. Por exemplo, quando alguém divulga que a "Pastelaria X" faz os melhores pastéis da cidade, essa pessoa está enviando uma mensagem institucional. Quando ela divulga que esta semana os pastéis da "Pastelaria X" estão com 50% de desconto, ela está enviando uma mensagem promocional.

Ao contrário do marketing institucional, que ajuda o cliente a conhecer a empresa, a marca ou o produto, o promocional tem por objetivo levar o cliente a uma ação, de preferência de compra. O objetivo do marketing promocional é criar uma estratégia que leve o cliente a tomar uma decisão de compra para um produto ou serviço.

Há várias formas de se conseguir isso, e a sua aplicação não é muito diferente entre os mais diversos segmentos, porque ainda são seres humanos que compram, e seres humanos reagem a estímulos. Sempre que alguém percebe uma vantagem em algo, ou vê naquilo a realização de um sonho, desejo ou expectativa, ele compra. O papel de quem vende é tentar descobrir que vantagem ou expectativa é essa e procurar associá-la ao seu produto, para que o cliente veja neste a resposta para sua necessidade.

É importante ter sempre em mente o calendário e os eventos que possam servir para criar maior impacto em seu planejamento. São momentos que estão quentes na mente do público e podem muito bem ser aproveitados para criar uma imagem simpática ou, no marketing do segmento, levar informação relevante por meio de associação com o tema. É preciso encontrar pontos simpáticos no contexto do evento para usá-los em analogia aos seus serviços.

Entidades que podem se valer do status de serem sem fins lucrativos, eventualmente, poderão atrair grandes nomes do esporte para participar de campanhas doando o cachê para a própria entidade, desde que esta seja capaz de mostrar ao atleta que isso é bom para sua marca. Então já não se está falando de uma estratégia voltada apenas para cativar o cliente, mas também para cativar possíveis colaboradores.

Um ponto de grande força nessa época é o sonho de velocidade, dinamismo e saúde que todos têm e que fica ainda mais atraente para quem está enfermo. Patch Adams inovou em sua prática ao levar para o ambiente triste e monótono do hospital um clima de picadeiro de circo, acrescentando cor e alegria à vida de pessoas cansadas da monotonia da dor e do desconforto. Porém uma ação assim deve ser muito bem estudada, para não criar falsas expectativas em seu público.

Outra forma de aproveitar eventos assim é com o público interno, promovendo um clima de competição saudável na busca de metas e resultados. A simples criação do clima adequado entre os colaboradores acabará contagiando também os clientes externos que enxergarão empenho e garra da parte da equipe. Neste caso, imagine os colaboradores como integrantes do time e os clientes como torcedores.

Existe ainda uma opção que pode ser mais eficaz justamente por adotar o sentido inverso. Uma instituição que deixe patente que utilizou aquilo que seria empregado em uma campanha sazonal para, de algum modo, melhorar o atendimento e a vida de seus clientes pode ser vista com bons olhos, se isto for feito de forma criativa. Algumas empresas de outros segmentos já estão percebendo isso e ponderando se vale a pena investir em momentos fugazes demais e com um congestionamento de marcas com apelos idênticos. Então observam o mercado para ver o que ninguém está fazendo naquele momento. Numa multidão de pessoas vestidas de amarelo, uma camisa verde pode ter um impacto maior.

Se você quer criar uma campanha para melhorar as suas vendas, por exemplo, uma ideia é distribuir prêmios. Obviamente, ninguém aqui está falando de sortear algo de valor muito alto. Você deve fazer tudo dentro dos limites do seu negócio. O importante do prêmio é o estímulo e o desejo que todos têm de ganhar algo, por menor que seja. O valor pode ser simbólico, mas é preciso caprichar na promoção para que a pessoa se sinta orgulhosa daquilo que vai levar para casa.

Outro instrumento promocional são os cupons de desconto, algo que pode ter um apelo maior para os profissionais que compram sempre e preferirão comprar daquela loja se perceberem uma vantagem em acumular pontos. De supermercados a empresas aéreas, passando por bancos e planos de telefonia celular, são vários os segmentos que oferecem algum tipo de estímulo para acumular cupons, milhas ou pontos para quem dá preferência àquela companhia ou produto.

Amostras grátis são importantes também do ponto de vista promocional. Certamente há produtos no seu segmento que são baratos o suficiente para serem transformados em amostras grátis, e que podem ganhar uma nova embalagem ou uma embalagem adicional para promover uma loja de autopeças, por exemplo.

Os brindes também são importantes, desde que sejam planejados com o objetivo de gerar uma lembrança constante da existência da loja. Por exemplo, um *mouse pad* ou um descanso para o teclado são objetos que podem ser vistos constantemente por um cliente. Mas nem tente transformar esses objetos em placares de propaganda porque seu cliente não irá querer usar. Prefira dar a eles um visual atraente, deixando sua marca, endereço e telefone aparecerem de forma discreta.

Ninguém vai querer usar um *mouse pad* vermelho com letras garrafais gritando "AUTOPEÇAS XYZ, OS MELHORES PREÇOS DO MERCADO". Se não for para a gaveta, vai para o lixo. Mas qualquer um terá prazer em usar um que tenha uma foto de um carro ou caminhão de competição. Não se preocupe, se o cliente gostar, ele vai se lembrar de quem lhe deu aquele presente. Faça do brinde um presente e não transforme presentes em brindes.

A garantia de que a campanha dará certo está na descoberta daquilo que realmente irá sensibilizar o público-alvo da campanha. O grande erro está na síndrome de umbigo, algo como a "Empresa X" querer sensibilizar seus clientes com mensagens do tipo "Venha torcer com a Empresa X" ou "Ajude a Empresa X a conquistar a vitória". Toda comunicação deve ser voltada para o alvo, para o público, que precisa ser o grande beneficiado. Se este não encontrar benefício na campanha — e lembre-se de que esse cliente, especificamente, está atrás de retorno financeiro e não de vestir a camisa de algum time — não haverá retorno financeiro para quem a gerou. Enquanto o público de varejo pode estar interessado no prazer, na moda, na vibração do momento, o público do distribuidor ou canal está interessado só em dinheiro. Neste caso, a vibração deve ser apenas a carona que a mensagem pega para alertá-lo dos ganhos que pode ter se comprar este ou aquele produto.

Outra forma de abordar a questão promocional é pegar carona em outras empresas. Por exemplo, produzir sacolas, sacos de papel, embalagens para pizza ou lanches com uma mensagem promocional de sua marca é uma forma de fazer com que outros transportem sua mensagem. Pequenos estabelecimentos que distribuem produtos não concorrentes podem se interessar em uma parceria desse tipo.

Aí vem a pergunta: como fazer para investir em Marketing Promocional quando os recursos são escassos? O que deve ser priorizado? É importante pensar sempre em termos de resultados. Se vai gastar produzindo brindes, por exemplo, deve-se antes analisar qual deles irá durar mais e criará um impacto maior, ou qual realmente agradará seu cliente ou alguém relacionado a ele. Sim, pois às vezes é mais importante você dar ao seu cliente uma folha de cartão dessas com um carrinho para montar ou boneca para vestir, do que uma caneta com a marca de sua empresa. Ele pode ter recebido duzentas canetas iguais, mas nenhuma terá tanto valor quanto algo que foi especialmente criado para seu filho ou filha. Sua marca ficará marcada na memória emocional do cliente.

Antes de qualquer promoção, é preciso analisar os objetivos e planejar. Por exemplo, se o seu objetivo for criar um banco de dados de clientes, sua ação promocional deve estar atrelada a uma coleta de dados do tipo "só ganha quem preencher o cupom". Mas lembre-se de que ninguém irá preencher um cupom para ganhar uma 'canetinha' de dez centavos.

Outra providência importante é fixar seu alvo. Você pretende agradar aos clientes atuais, conquistar novos clientes ou atrair clientes da concorrência? Para cada objetivo podem existir nuances em sua campanha que precisam ser discutidas antes de gastar dinheiro com algo que poderá não atingir seus objetivos.

Baseado no perfil dos clientes que pretende atingir, o que terá um apelo maior para eles? Se o público for jovem, provavelmente não terá filhos e nem se interessará em montar um carrinho de cartolina. Para clientes eventuais, cupons ou pontos para colecionar não farão qualquer sentido, pois pode ser que ele só precise voltar ali daqui a um ano. Um chaveiro ou outro objeto que ele possa usar mesmo daqui a um ano para fazê-lo lembrar de sua loja pode ter um efeito melhor.

Toda a ação, seja ela no visual da loja ou nas ações promocionais, exige algum investimento. O tamanho desse investimento irá definir se é um trabalho para ser feito em casa ou se é melhor procurar ajuda especializada de uma consultoria ou de uma agência.

Afinal, você pode ser um excelente profissional na venda de autopeças, mas é amador na área de revitalização de ambientes ou promoções, por isso não arrisque investir uma grande soma sem a opinião de especialistas. Arquitetos, designers de interiores e vitrinistas podem ajudar o comerciante a criar um ambiente adequado ao seu negócio. Consultores, publicitários e agências de propaganda podem ajudar no planejamento de ações promocionais e também cuidar de questões sutis, nem sempre percebidas pelo comerciante, como é o caso de promoções que exigem uma autorização especial, como acontece com sorteios. É melhor pagar um especialista para fazer a coisa bem feita do que ser autuado depois, até mesmo quando se fala em promoções realizadas nas redes sociais.

Finalmente, toda mudança ou promoção exige um acompanhamento e análise de resultados para não ficar algo jogado no ar. Lembre-se, por menor que seja o custo, você quer saber se aquilo trouxe algum resultado. Algumas empresas investem todos os anos em algum tipo de promoção que, se medirem o resultado, pode ser igual a zero.

Para qualquer promoção, não esqueça da divulgação. Sinalize na loja que há promoção e, caso não tenha ninguém da equipe que trabalhe com a identidade visual do seu negócio, busque ajuda de empresas especializadas. Não esqueça também do marketing digital, pois os seus clientes precisam ficar sabendo. Avise-os pelas redes sociais e demais veículos de comunicação utilizados pela empresa como blog, site, e-mail marketing e, por que não, telefone? Faça parcerias com *influencers*, por exemplo, pois eles estão mais próximos de seus consumidores que você.

Jornalistas e assessores de imprensa sabem que, para fazer uma empresa ou produto aparecer na mídia, é preciso encontrar alguma característica que possa ser vista como notícia. Uma notícia é a informação oportuna e de interesse social sobre algum fato detectado no tempo. A propaganda que aproveita as diferentes épocas do ano faz exatamente isto: transforma a associação de um produto ou marca com uma época em informação de interesse. Fique atento!

O verão, por exemplo, se transforma no grande acontecimento do momento, quando se apagam as luzes do natal. No período após o natal, muitos produtos entram em hibernação nas gôndolas dos supermercados e prateleiras das lojas. É preciso uma dose maior de comunicação para vender justamente no período de apatia às compras que vai do final de dezembro até o carnaval. As pessoas gastaram o que podiam e o que não podiam com presentes e já não estão interessadas em produtos de alto preço, mas podem ser sensibilizadas a comprar produtos de baixo preço se perceberem neles a possibilidade de desfrutar melhor do verão.

A propaganda de bens de consumo neste período deve se revestir também de um caráter imediatista e promocional, sem grandes preocupações com o institucional. O momento é de descontração, e quem comunica deve aproveitar isso. A mente do consumidor neste período não está configurada para comprar conceitos muito complexos, portanto qualquer comunicação, principalmente de produtos de consumo rápido, deve trazer a descontração que o período exige. É claro que a construção da marca também é importante nesse período, mas isso exige uma estratégia de comunicação mais de longo prazo. Verão é momento de promoção rápida da marca, não de sedimentação, ainda que os resultados colhidos nesse período possam ajudar a sedimentar a marca ao longo da vida do produto.

Lembre-se, essa comunicação só surtirá efeito rápido no caso das empresas que já vêm investindo em ações de comunicação de longo prazo e hoje já possuem um público que acompanha os seus veículos de comunicação.

Marketing digital e a sua importância – Preciso estar na Web?

Quando se fala de marketing, a principal tendência continuará sendo a de sempre: criar valor para o cliente. O que muda constantemente é como criar valor e quais mídias usar. É claro que antes é preciso fazer a lição de casa, que é descobrir o que é valor para o cliente e como o alcançará mais facilmente. Por exemplo, quando se fala em mídias sociais, saber onde exatamente encontrar o seu público é fundamental antes de decidir em quais canais a sua empresa estará presente.

O mercado brasileiro está ficando mais sofisticado, com muita gente subindo na pirâmide social e ficando mais exigente. Por isso, o que funcionava ano passado para o perfil normalmente aplicado à Classe X pode não funcionar este ano, e muita gente desse grupo pode já ter se tornado adeptos de mídias sociais que antes eram desconhecidas deles.

Portanto, a definição de valor continuará sendo bastante elástica. Para alguns, valor é conseguir comprar por um preço baixo; para outros é poder se gabar de pagar um preço alto e pertencer à determinada comunidade. É importante notar também que a percepção de valor exerce influência na rede social na qual o cliente está inserido, e ele também é cada vez mais influenciado por ela.

Se, antigamente, alguém comprava só porque a voz do locutor do comercial mandou comprar, hoje ele está escutando continuamente a voz de sua rede de relacionamentos e *influencers*, que nada mais são que desconhecidos que ele nunca viu e passou a seguir por ter uma opinião mais influente do que a de um parente.

Como a rede de relacionamentos do cliente continuará crescendo exponencialmente, graças à explosão nas vendas de celulares, computadores e *internet* banda larga, é para as redes sociais que as empresas devem virar seus binóculos se quiserem entender o movimento das massas de compradores.

Infelizmente, assim como aconteceu no início da Web, quando a maioria pensou que tinham inventado apenas um novo tipo de outdoor, muitos ainda veem as redes sociais como uma forma de dar o recado para um número maior de pessoas.

Mas não é bem assim. O que acontece agora é que tudo o que as empresas fizerem ou disserem nesses ambientes digitais daqui para frente ficará registrado e será julgado pelo mercado por inúmeros pontos de vista. Esta é uma tendência que chegou para ficar.

A *internet* causou um efeito interessante na prática que pode ser chamado hoje de marketing não convencional. Como a voz individual ganhou uma força como nunca teve, não apenas as empresas pequenas passaram a usar soluções não convencionais, mas até mesmo as grandes contrataram artistas para suas ações promocionais parecerem coisa amarrada com barbante.

Essa tendência ganhou um reforço com a banda larga, que permitiu a mais gente "assistir na Web" e não apenas navegar na Web. E o YouTube pavimentou a estrada que vai do pequeno para o grande. Hoje, ninguém reclama da qualidade de um vídeo tremido e embaçado, gravado do celular de um cidadão comum e apresentado na CNN como furo de reportagem, porque todos acabam ficando acostumados a essa linguagem visual informal.

Além do mais, do ponto de vista do cliente, todos sentem maior confiança naquilo que dizem os usuários de um produto ou serviço, do que no que diz a propaganda. É com base nisso que o profissional deve construir sua imagem: criando usuários satisfeitos, ainda que apenas pela disponibilização de amostras grátis de sua especialidade. Essa legião de pessoas agradecidas se sente constrangida a divulgar seu nome ou indicar seus serviços a outros. É neste sentido que se deve utilizar a tecnologia.

Pessoas gostam de participar de redes sociais para encontrar coisas úteis, como conteúdo relevante, coisas divertidas e encorajadoras, não para serem bombardeadas com propaganda. O profissional que oferecer ajuda ou dicas relacionadas ao seu negócio poderá criar uma marca forte de alguém que entende do que se está falando e se transformar numa referência em sua área de expertise.

Hoje, a tecnologia permite que o profissional frequente o café sem sair de casa ou sem deixar de fazer o que está fazendo. A *internet* oferece um grande número de possibilidades, a começar pelas redes sociais. É preciso aproveitar isso, mas antes é preciso saber como, para não ser mais uma vítima de tiros que saem pela culatra, por não saber utilizar o meio da maneira correta.

Aqui vai um exemplo prático e bastante comum. O spam, que às vezes é chamado erroneamente de "E-mail-Marketing". Quantos filtros de e-mails não estão "vacinados" para bloquear milhares de remetentes de spam, muitos deles profissionais que pensam oferecer seus serviços, mas, na verdade, estão falando sozinhos e suas mensagens acabam perdidas e solitárias em um limbo virtual?

Outro erro comum é usar as redes sociais para fazer propaganda de seu negócio ou de seus serviços, e um erro maior ainda é pedir para as pessoas ajudarem você a fazer isso. Não é assim que se cria uma boa imagem. As redes sociais podem até ser utilizadas para, eventualmente, comunicar algum serviço, mas isso depois que o profissional já criou a marca de alguém disposto a ajudar as pessoas. Quem nunca recebeu um convite para prestigiar determinado restaurante pela *internet* e ficou esperando ser convidado para ir até o restaurante e conferir de perto as delícias ali oferecidas?!

Assim como o RH das empresas sempre utilizaram o *networking* como um meio para buscar talentos no mercado ou dentro da própria empresa, lembre-se de que o seu público-alvo busca em sua rede de relacionamentos respaldo positivo sobre a sua empresa.

E a *internet*, seja em seus blogs, sites, redes sociais e até mesmo em aplicativos, é a melhor forma na atualidade para divulgar a sua marca.

Mesmo que você tenha um negócio local e não queira expandi-lo ou torná-lo global, ainda assim poderá fazer uso desse meio para disponibilizar conteúdo relevante do seu segmento, o seu portfólio e contatos para que seja encontrado pelas pessoas de sua região. Já pensou nisso?

Quando foi a última vez que você utilizou a lista telefônica para procurar um chaveiro ou um sapateiro perto de sua casa? E qual foi a última vez que utilizou um site de busca na *internet* para localizar algum serviço e buscar a opinião de outras pessoas sobre uma empresa ou hotel?

Pois é, assim também agem os seus futuros clientes, já que na *internet* é possível localizar praticamente tudo e, em inúmeros casos, comprar sem sair de casa.

Você deve aprender o que é valor para os habitantes do seu bairro e entregar isso à altura das expectativas ou, de preferência, excedendo essas expectativas. Se pretender crescer, alcançar outros bairros, ou talvez até virar uma franquia, aí sim não vai escapar de ter um pé no virtual.

Não há a necessidade de estar presente em todos os canais de mídias sociais e possuir um *website*. É importante o empreendedor saber que as principais informações que o cliente busca são os contatos da empresa e os serviços oferecidos. Portanto, tudo o que vier além disso, por exemplo, portfólio, sugestões e conteúdo de qualidade, soma pontos, mas a falta de informações essenciais poderá fazê-lo perder muitos clientes.

O que ainda vale para empresas de todos os tipos e tamanhos é continuar observando o comportamento do cliente. Vale também entender que todos continuam na era da experiência, quando até o carro é avaliado pelo comprador, não pela quantidade de componentes ou toneladas de aço, mas pela experiência que ele proporcionará ao motorista, à família ou até ao cachorro de estimação. Criar uma experiência para o seu mercado é algo que tanto a montadora quanto a padaria vão continuar fazendo.

Já sobre a utilização ou não das redes sociais, e de quais redes utilizar, vai depender muito do segmento em que atua e também de seu mercado. Hoje, tentar classificar apenas dentro de categorias de médias e pequenas empresas é difícil. Você pode ter uma pequena empresa de software que está vendendo programas para empresas na China, enquanto outra tem toda a sua clientela concentrada no bairro. O mesmo remédio não vai servir para todos os males.

O que deve acontecer após a decisão em participar de uma rede social e interagir com ela, é possuir um plano bem definido de como fará isso, com quem e com quais objetivos. Mas, primeiro, é preciso ter feito a lição de casa, porque fala-se aqui de um poder comparável a se manipular uma bactéria mortal. Os laboratórios fazem isso todos os dias para produzir vacinas, mas antes constroem toda uma infraestrutura a fim de evitar que a bactéria fuja ao controle.

Interagir com uma rede social é gerar contágio, algo que foge ao controle de quem introduziu a bactéria na rede. Esse contágio pode ser extremamente benigno, mas pode também representar um desastre se não for feito com um bom planejamento e, principalmente, com um conhecimento da natureza humana, em especial do grupo que se pretende atingir.

Daí a necessidade de investimento em um bom plano de ação visando redes sociais, em especial as que utilizam as mídias eletrônicas. Um alerta que cabe aqui é que nem toda empresa tem condições de entender as redes sociais e as novas mídias, portanto o melhor é buscar uma assessoria especializada.

Mas é um engano pensar que alguém que conheça a *internet*, saiba criar sites e sistemas Web, ou tenha uma grande bagagem como agência de publicidade, saberá interpretar as redes sociais e criar uma estratégia correta para utilizá-las em benefício da empresa. A própria expressão "novas mídias" já revela que modelos antigos podem não funcionar nesse ambiente.

O fato é que, se decidido em seu plano de marketing que você lançará mão da *internet* para divulgar os seus produtos e serviços, você precisa saber por onde começar. O ideal seria entender que nessas redes o importante é um equilíbrio entre a produção de conteúdo de qualidade e imagens, sejam elas vídeos, fotografias ou esboços, este último no caso de ser artista ou arquiteto. Em todo caso, é preciso ter um planejamento e, se necessário, terceirizar esse trabalho ou contratar um profissional especialista que atue dentro de sua empresa.

Outro ponto importante é perceber onde está o seu público e qual rede ele mais acessa. Se você tiver uma loja de decoração, acessórios de casa ou de moda, uma excelente opção é estar presente em redes sociais que disponibilizam fotografias dos produtos, pois as imagens, nesses casos, falarão mais alto.

Empreendimentos no segmento da educação, medicina, engenharias, dentre incontáveis outros que não oferecem um produto mas um serviço, devem lembrar que a amostra grátis que darão ao seu cliente será o conteúdo relevante e atualizado, como novidades em pesquisas, tecnologia etc.

Não se iludir com a ideia de que os seus *posts* irão viralizar é necessário, pois são raros os casos em que isso acontece. É claro que a possibilidade de isso acontecer existe, mas como em todos os outros departamentos de sua empresa, é preciso manter os pés no chão e perceber que no início o melhor mesmo é começar aos poucos.

Ainda quando se fala em marketing viral, é preciso ficar atento quanto a duas coisas. Uma é o crescimento do marketing viral, e isso indiscutivelmente vai continuar, pois a tendência é essa. Embora seja difícil rastrear e medir esse crescimento, pois criar uma mensagem viral é como rasgar um travesseiro de plumas ao vento, é possível ter uma ideia se as pessoas estão comentando ou passando adiante sua mensagem. Além das formas mais diretas, como contar o número de visualizações de um vídeo no YouTube, por exemplo, há também serviços que ajudam a rastrear o que está acontecendo com sua mensagem.

Qualquer serviço de hospedagem de sites e arquivos de áudio e vídeo tem condições de medir a quantidade de acessos a uma determinada página, de onde o visitante veio, para onde foi, além do número de vezes que um áudio ou vídeo foi acessado. Há também serviços como UberVU e Google Analytics, que permitem saber quantas vezes uma página de um site ou blog foi citada no Twitter, Facebook e outras redes sociais. Outro serviço, o 33across, registra quantas vezes um texto ou imagem foram copiadas de um site e gera links apontando outros sites ou blogs onde esse material foi publicado.

Se, por um lado, existem instrumentos para acompanhar em parte os resultados de uma ação de marketing viral, a coisa não é tão simples quando o assunto é o crescimento do mercado de marketing viral, isto é, de empresas e profissionais que oferecem este tipo de serviços.

Neste caso, não há dados que mostrem tal crescimento, porque uma coisa é você criar uma empresa para oferecer serviços de marketing viral, outra é realmente transformar a mensagem de seu cliente em viral. Muitas agências e empresas têm oferecido esse serviço, mas as próprias características do marketing viral dificultam qualquer garantia de que um trabalho neste sentido funcionará.

Veja o caso de Dave Carroll, cujo vídeo "United Breaks Guitars" foi um sucesso com mais de 7 milhões de *views* no YouTube. Depois de ter sua guitarra quebrada em uma viagem aérea, Dave compôs uma música, gravou um vídeo e colocou no YouTube como represália contra a empresa aérea que não quis arcar com seu prejuízo.

Com o sucesso de seu vídeo, Dave passou a oferecer serviços de marketing viral em seu site, mas há um tempo a página desses serviços já não estava lá. Apesar de ter criado um vídeo viral, ele deve ter percebido que não é tão fácil assim fazer algo sob encomenda, pois foram tantos os elementos envolvidos em seu vídeo e história que dificilmente ele conseguirá repetir isso para outros.

O marketing viral pega carona no interesse público, por isso o investimento é ínfimo se comparado aos investimentos em mídia convencional. Pequenas empresas ou profissionais liberais que consigam acertar uma mensagem e transformá-la em viral podem ficar rapidamente conhecidos. Mas a mesma vantagem pode se transformar também em desvantagem se a mensagem não for digna de crédito ou se o produto ou serviço mostrado for ruim. A mesma rede social que foi contaminada pela virulência da mensagem poderá dar o troco e transformar a resposta em propaganda negativa.

Por isso, o que realmente vai tornar a sua página relevante será a constância na atualização, o conteúdo atualizado e diferenciado e o compromisso em atender o seu público por ali. Se a proposta era estar em alguma rede social ou mesmo manter um blog, não deixar seu leitor ou seguidor na mão é a sua mais importante missão. Caso contrário, é melhor continuar no anonimato, ou apenas possuir um site com informações estáticas, mas que disponibilizem as principais informações sobre a sua empresa e responda as dúvidas mais básicas de seus clientes a respeito dos produtos e serviços que você oferece.

Qualquer empresa hoje deve ter uma presença na Web. E, mais uma vez, quando se fala em presença na Web não é necessário possuir um site mirabolante para concorrer a um prêmio de animação, mas um site eficaz para ser encontrado nas buscas e para rapidamente gerar contatos. Mais importante até do que a empresa que irá desenvolver o design de seu site é a empresa que criará condições de seu site ser encontrado por futuros clientes em sites de buscas com ações de comunicação efetivas, por meio de ferramentas de SEO, publicidade e assessoria de imprensa, por exemplo.

Propaganda x Assessoria de Imprensa

Um bom caminho para qualquer empresa é procurar uma assessoria de imprensa que torne a sua marca pública, mas isso não é feito apenas com propaganda. A propaganda pode fazer com que as pessoas fiquem sabendo da existência da empresa, mas é a publicidade que realmente leva as pessoas a conhecer a empresa. Propaganda é aquilo que pagamos para fazer, como anúncios em jornais e revistas, ou comerciais no rádio e TV. Já a publicidade ocorre quando a empresa é mencionada em artigos, notícias ou até no boca a boca das redes sociais. É espontânea.

Mas, para virar notícia, é preciso construir histórias. Nenhuma assessoria de imprensa conseguirá espaço de valor na mídia para dizer que a Empresa X vende os melhores tubos de PVC, mas pode encontrar receptividade para contar ao mundo que a Empresa X está promovendo um curso para a formação de encanadores em uma comunidade carente.

Engana-se a empresa que pensa que, para ficar conhecida, basta anunciar. Se ficar nisso, ela não será diferente de dezenas de concorrentes. Para uma empresa ficar conhecida, ela precisa gerar fatos. É preciso entender que, antes de conquistar a confiança do possível cliente, é preciso conquistar sua atenção, despertar seu interesse e gerar um desejo, para, então, gerar a ação da compra e venda. Antes de conquistar a confiança, é preciso conquistar a simpatia. Isto pode ocorrer tanto para clientes em potencial, como para formadores de opinião que levarão a marca até os clientes em potencial.

Contratar o serviço de uma assessoria de imprensa e auxiliá-la a gerar fatos relevantes que encontrem espaço nos veículos jornalísticos para serem citados é um bom começo. A assessoria de imprensa, diferente da publicidade que é paga do começo ao fim, é uma mídia de divulgação espontânea, que tem como moeda de troca o interesse social em ler a sua ideia. Portanto, se o jornalista de determinada seção do jornal encontrar na sua história ou na sua "sugestão de pauta", como também chamam, um gancho social que seja do interesse do público leitor, ele não pensará duas vezes antes de publicar.

No caso do material publicitário, será necessário buscar profissionais que criem a sua campanha e que a veiculem no meio que acharem mais relevante para o seu negócio.

A ligação mais próxima que podemos encontrar entre essas duas formas de divulgação, é o veículo onde ambas serão publicadas ou citadas. Para cada porte e segmento de empresa existirá um público e veículos específicos. Há empresas que gastam fortunas em publicações feitas em grandes veículos de comunicação de massa, quando, na verdade, o seu público-alvo acessa redes sociais, lê revistas especializadas e assiste a programas na TV a cabo.

É preciso também atentar para as várias frentes que devem andar juntas. Não basta apenas um bom trabalho de assessoria de imprensa e publicitário para chamar a atenção do cliente a ponto de ele entrar em contato com a empresa, é preciso desenvolver ações que cheguem diretamente à porta do cliente, e a esse profissional damos o nome de vendedor.

IV Capítulo

Dê às vendas o seu devido lugar

Muita coisa mudou na área de vendas desde os tempos dos mascates, que iam de porta em porta, até o moderno profissional de vendas. Antigamente, a concorrência era muito menor, pois as pessoas não tinham uma gama tão grande de produtos e serviços, canais de compras e facilidades que o mundo financeiro veio proporcionar. Os compromissos financeiros também eram menores. Alguém hoje poderá postergar a compra de algum produto por seus recursos estarem empenhados em despesas regulares, como conta de celular, *internet*, TV a cabo, seguro do carro, mensalidade do vigilante de rua, escola particular para os filhos, curso de pós-graduação, academia de ginástica etc. Todos estes compromissos, hoje tão comuns a uma família de classe média, praticamente não existiam há alguns anos.

A sociedade moderna também cria continuamente novos consumidores, graças a uma maior mobilidade das classes sociais. À medida que a sociedade vai se sofisticando, os consumidores se tornam mais exigentes e já não se contentam apenas com o bem tangível que adquirem. Hoje, é inadmissível que um produto não tenha qualidade ou apresente defeitos, o que há alguns anos era muito comum em função do baixo nível tecnológico das indústrias.

Havia também aquela cultura de que, para ser bom, um produto precisava ser importado, já que as melhores indústrias estavam no primeiro mundo, onde também já existia um controle de qualidade mais apurado. Hoje, a industrialização tornou-se global, portanto qualidade é commodity e a falta dela tira rapidamente qualquer fabricante do mercado.

Porém, acima de tudo, o que hoje ganha um peso cada vez maior na venda de um produto ou serviço é a percepção de significado e valores que ele passa para o cliente. Por exemplo, os clientes vão ficando mais bem-educados e sofisticados e já não aceitam comprar aquilo que pode causar um impacto negativo no meio ambiente ou que seja produzido com mão de obra infantil ou escrava. Além disso, é preciso que o produto e serviço evoquem um significado na mente do comprador, já que nem sempre ele compra o bem tangível, e sim o status ou estilo de vida associados a ele.

O cliente também quer mais que o tangível: ele busca serviços que estejam atrelados ao produto que pretende adquirir, como assistência técnica, garantia ou acessórios opcionais. O bom atendimento também virou uma necessidade e pode fazer a diferença entre o cliente comprar ou não.

As vendas, atualmente, também são muito mais de relacionamento, visando obviamente o retorno do cliente para comprar mais ou criando condições para que ele indique a seus amigos e parentes. Talvez você argumente que vendas de supermercados não sejam assim, mas não se esqueça de que o relacionamento, mesmo neste caso, está sendo trabalhado pela marca ou fabricante do produto, que gasta milhões em serviços de atendimento ao cliente e promoção da marca nas redes sociais.

Outra coisa, a ideia de que vendedor bom é o que vende até gelo para esquimó é coisa de livros que ensinam técnicas de como enganar os clientes. Isto já não cabe em uma sociedade extremamente conectada e esclarecida. Como se sentiria um esquimó que comprou gelo por lhe ter sido empurrado por um vendedor picareta? Obviamente, chegará o momento em que ele se sentirá lesado, tão logo passe o efeito da técnica hipnótica que o vendedor usou. É aí que o esquimó pegará seu smartphone no trenó, fará uma conexão via satélite e entrará nas redes sociais para colocar a boca no trombone. Pense no prejuízo que algo assim pode causar a longo prazo. A venda oportunista ou a qualquer custo tem hoje um custo social proibitivo para a reputação do vendedor, do produto e da marca que representa.

O típico vendedor antigo, que tinha o péssimo hábito de mentir, enrolar e enganar o cliente, é um exemplo de mau vendedor. Quem continuar agindo assim ficará muito cedo queimado no mercado. A capacidade que os clientes atuais têm de se comunicar pode destruir a reputação de um vendedor, da empresa e da marca que representa. Basta imaginar alguém filmar com um celular uma venda sem ética e colocar na Web, para perceber o quanto isso pode causar de impacto negativo para uma marca ou estabelecimento.

Portanto, mentir ou enrolar são verbos que jamais deveriam fazer parte de seu vocabulário, se você pretende permanecer no mercado por muitos anos e ver sua receita aumentando sempre mais.

Não é apenas na preservação do meio ambiente que se vê uma preocupação de conservação, mas nos negócios também. Grandes empresas, hoje, investem em projetos sociais pois sabem que existe um mercado relativamente finito que precisa ter meios de comprar mais. Pessoas pobres e doentes não consomem. Por isso, as empresas procuram "criar" e manter seu mercado.

Quando o profissional de vendas entende que seu papel não é o de vender uma vez, mas de vender sempre, também passa a investir no seu cliente e em si mesmo com informação e treinamento. Deixa de ser um mero tirador de pedido e passa a ser um consultor e conselheiro. Só então começa a fazer seu verdadeiro papel, e é bom que seja rápido nisso, pois, como já dito antes, boa parte do processo de vendas que dependa apenas de um tirador de pedidos está migrando para meios eletrônicos.

Veja que interessante. Algumas pessoas que viajam para o Oriente Médio não conseguem comprar em feira livre porque não querem negociar, regatear, pedir desconto. Aceitam logo de cara o preço que o vendedor pediu, só que aí ele se recusa a vender. Para esses vendedores é preciso negociar. Aquilo está no sangue deles, conversar, discutir, rebater argumentos. Se fosse, simplesmente, para expor a mercadoria e pegar o dinheiro, ele não estaria ali. Vendedores no Oriente Médio costumam descender de uma linhagem de mercadores, para os quais negociar é parte da vida, arte e profissão, e não um mero "toma lá, dá cá".

Porém, a venda, como é conhecida hoje, também vai além de um simples prazer ou tradição de negociar. A venda hoje é um relacionamento que precisa ser de longo prazo. Até ontem falava-se muito de *market share*, a fatia do bolo do mercado que se consegue puxar para o próprio prato na hora de apagar as velinhas. Hoje, além daquele bolo, há outro no qual cada um deseja ter seu *wallet share*, a fatia da carteira do próprio cliente ou a porção de sua capacidade de compra que se está disposto a conquistar. Para isso, é preciso criar um relacionamento duradouro, de confiança, ou sua venda se torna predatória.

É preciso entender o que a tecnologia tirou do vendedor. O vendedor do passado costumava se dedicar a três atividades principais. A primeira era informar o cliente. Ele visitava ou recebia a visita de um cliente, abria seus catálogos, descrevia os produtos, mostrava seu funcionamento e expunha opções de preços, prazos, formas de pagamento e entrega. Esta era uma função basicamente informativa, que ainda não envolvia a venda ou a negociação propriamente dita. Entre esta primeira e a próxima função, geralmente acontecia a atividade da venda, entrando aí a sua habilidade de convencer o cliente a comprar aquilo que ele acabara de demonstrar com sua bagagem de informação.

A função seguinte era, de modo geral, a de obter o pedido do cliente, preencher algum tipo de formulário ou nota fiscal, encaminhar as vias necessárias aos departamentos correspondentes e, finalmente, vinha a atividade de certificar-se de que o cliente receberia o que comprou. Isso podia ser desde um simples acompanhamento da seção de pacotes de uma loja, até o rastreamento do pedido dentro da empresa e fora dela, para manter o cliente informado sobre o andamento do processo de entrega. Resumindo, o vendedor informava, tirava o pedido e acompanhava a entrega.

A tecnologia tirou do vendedor essas atividades. Hoje, o cliente se informa via Web ou em seu relacionamento rápido e fácil com amigos e pessoas que adquiriram produtos semelhantes. Quando da chegada do vendedor, o cliente pode estar até mais bem informado do que o próprio vendedor. Isso não é raro acontecer. Por exemplo, quando o profissional de venda representa um produto complexo e não se atualiza.

O preenchimento do pedido foi substituído por formulários na Web, centrais de atendimento telefônico, e-mails e outras facilidades que deram ao cliente um acesso direto aos sistemas internos da empresa fornecedora. Finalmente, o acompanhamento do pedido também acabou sendo facilitado com a tecnologia de rede e a conectividade que existe hoje, tanto nos setores de expedição como nas transportadoras e nos próprios veículos que transportam os produtos.

O que resta para o vendedor fazer? Vender. Isso a tecnologia não faz. A tecnologia possibilita ao cliente comprar, mas é sabido que nem todos os clientes estão tão prontos a comprar. Se todos estivessem, hoje já poderíamos dar por encerrada a carreira e a utilidade do profissional de vendas. Felizmente isso não acontece. Ainda é necessário o elemento humano para executar atividades que as máquinas não conseguem fazer. Se alguém perguntar "quais?" é bom rever sua atual atividade de venda, pois se ela estiver limitada a informar, tirar pedido e acompanhar a expedição, suas chances de permanecer no mercado são mínimas.

A venda exige criatividade, e isso a tecnologia não oferece. A venda exige também empatia, inteligência, emoção. Tudo isso está longe ou mesmo é impossível de ser fornecido pela tecnologia. O papel do vendedor agora é fazer a tecnologia trabalhar para si, permitindo que tenha mais tempo para vender. Portanto, se a empresa em questão ainda não possui sistemas informatizados de catálogos, preenchimento de pedidos e acompanhamento de expedição, aí o atraso está na empresa e é preciso alertá-la.

Mais do que usar a tecnologia, é preciso saber como fazê-la trabalhar para si. Por exemplo, qual a sua capacidade, quando atuando em vendas, de pesquisar concorrentes e se informar sobre o negócio do cliente? Esse tipo de informação pode ganhar pontos na hora de enfrentar uma negociação na qual o cliente está bem informado sobre as alternativas e sobre o próprio negócio.

Os vendedores que saberão melhor dominar a tecnologia serão aqueles que a tornarão completamente transparente em seu trabalho, deixando visível somente o relacionamento humano que serão capazes de criar. A tecnologia em vendas não deve ser o foco da atenção e nem despertar esse foco na atenção do cliente. Ela deve ser como a tecnologia existente nos bastidores de uma grande peça. Você não vê, mas ela está lá. Você, como cliente, não está ali para vê-la, mas sim para obter os benefícios que ela traz. Assim, você deve estar se perguntando: "Em que isto ou aquilo me ajudará a facilitar a venda?" Se não ajudar, esqueça.

Muitas empresas entenderam que equipar seus profissionais de vendas seria dar a cada um deles um notebook com uma apresentação multimídia mostrando as maravilhas da empresa e do produto. Então, o vendedor consegue marcar uma reunião com o cliente que passará uma hora ou mais assistindo a uma apresentação com filmes, sons e tudo mais. Mas ele ficará olhando o relógio e imaginando quando aquele vendedor irá embora.

Já imaginou você ir com dor ao consultório de um médico e ele ficar mostrando no notebook uma apresentação multimídia de como é maravilhoso seu consultório, seus tratamentos e coisas assim? Nada daquilo interessa a você. Tudo o que deseja é que o médico comece a perguntar logo onde dói, o que você sente e procure fazer um diagnóstico. Isso é vender: descobrir onde dói, antes de ficar despejando informação irrelevante e tentando vender tratamento de enxaqueca para quem tem unha encravada.

Seja um vendedor de sucesso

Se você deseja ser um vendedor de sucesso dentro de seu próprio negócio, é preciso que tenha aspirações fortes, desejo de crescer e vencer. Você deve, ainda, ser ambicioso e ousado. Estas são as forças que movem um vendedor de sucesso. Mas, acima de tudo, você precisa ter um grande interesse pelas pessoas e o desejo de ajudá-las. Sem isso, sua ambição fará de você uma pessoa egoísta e o levará a pensar apenas em si mesmo e no que ganhará em cada contato com o cliente, pouco se importando com o ganho do cliente.

Saber identificar oportunidades é uma habilidade que todo homem ou mulher de vendas deve ter à flor da pele. Se você analisar a história, sempre existiram bons e maus profissionais de vendas, exultantes ou queixosos de seu tempo e lugar, porque sempre existiram oportunidades para o primeiro grupo, enquanto o segundo ia sendo reciclado. Vender é, primeiro, identificar necessidades que representem oportunidades e, depois, atendê-las.

Vendedores egoístas podem até conseguir algum sucesso com vendas isoladas, aquelas em que o cliente é atendido uma única vez. Mas, certamente, não servem nas vendas de relacionamentos, que exigem a retenção do cliente por um longo prazo, seja para manutenção do produto ou serviço vendido, seja para a oferta de novas versões ou venda de benefícios agregados. Certamente você não quer esse tipo de prática dentro de sua empresa.

Além disso, é preciso ser flexível o bastante para não ter problemas na hora de diversificar a gama de produtos e serviços oferecidos, ou até mudar radicalmente de mercado ou segmento. Com a velocidade com que as coisas mudam, é necessário também estar pronto para abrir mão do segmento no qual atuou por vários anos para encarar algo completamente novo, se isto representar a sobrevivência de sua profissão.

Para isso, você deve exercitar sempre sua curiosidade e disposição de estudar e aprender cada dia mais. Alguém que vendia máquinas de escrever certamente viu seu mercado mudar radicalmente com o advento dos computadores pessoais. Não mudou apenas o produto, mas junto com essa mudança veio toda uma complexidade que não existia no mercado de máquinas de escrever. A gama de produtos que passou a fazer parte de suas vendas cresceu em várias direções, como impressoras, scanners, redes, softwares etc. Alguém que teimosamente tentasse permanecer desatualizado logo estaria fora do mercado junto com suas máquinas de escrever.

Você deve procurar conhecer em detalhes seu público-alvo e os produtos ou serviços que vende. É baseado nesse conhecimento que você saberá o que oferecer ou que especificações serão mais valorizadas por seus clientes. Esse conhecimento não é apenas genérico, mas deve ser adaptado e personalizado ao máximo. Em cada interação com um cliente, você deve saber fazer as perguntas certas para obter o máximo de informações. É perguntando que você descobre o problema do cliente, pois, se não existir um problema, não faz sentido oferecer uma solução ou um benefício. Um grande erro na carreira de vendas é acreditar que vendedor que fala muito vende muito. A verdade é que o vendedor precisa fazer o cliente falar, pois somente assim conseguirá fazer um diagnóstico preciso daquilo que o cliente deseja e espera de um produto ou serviço.

Somados a isto é preciso ter bom senso e respeito pela opinião do cliente, e jamais querer ganhar uma discussão. Se alguém precisar sair daquele contato com um sentimento de vencedor, que esse alguém seja o cliente. É óbvio que se o cliente se sentir vencedor por ter comprado e ficado satisfeito com a compra, você também sairá ganhando com a venda. Aliás, as pesquisas apontam que a probabilidade de fechar uma venda no segmento corporativo ou *business to business* é maior quando o cliente fala mais do que o vendedor.

Um artigo publicado na revista *Surgery* em 2002 mostrava que o tom de voz de um cirurgião durante as consultas de rotina estava diretamente ligado ao número de ações por erro médico. O artigo revelou que o risco de um cirurgião ser processado por erro cometido em uma cirurgia é maior quando seu tom de voz for rude e desagradável. Transportando este exemplo para a área de vendas, seus clientes certamente levarão em conta a experiência emocional criada durante as compras, por isso aja da melhor maneira que puder.

Para o vendedor, sua paixão é o que dá o tom da venda, e ela também é determinante na evolução de sua carreira. Pessoas apaixonadas estão sempre em busca de uma nova maneira de surpreender e encantar, e nunca se acomodam com as conquistas já realizadas. Elas querem vender sempre mais e melhor. Os verdadeiros artistas nunca se dão por satisfeitos com sua última obra, eles acreditam que podem se superar. E vender bem também é uma arte.

O combustível da paixão do vendedor pode ser o desejo de vender, o produto que vende ou a pessoa a quem ele atende. No entanto, cada caso tem seus prós e contras. Um vendedor muito focado no prazer que a venda traz poderá se transformar em um mercenário se não conseguir controlar sua paixão. Como a venda é uma atividade emocional, nada impede que o apaixonado pelo ato de vender acabe buscando as vendas mais desafiadoras, mas nem sempre as mais éticas e honestas.

Já o vendedor que é apaixonado pelo produto poderá desprezar o gosto do cliente e acreditar que aquilo que vende é tão bom que deveria ser comprado por todos. Pessoas que vendem seu próprio objeto de desejo podem se tornar inconvenientes por não conseguirem enxergar a diversidade de desejos e expectativas existentes no mercado.

Finalmente, o vendedor apaixonado demais pelo cliente poderá ser tentado a trair a confiança que a empresa depositou nele, e pender mais para o interesse do cliente do que para o de quem patrocina sua arte de vender. Este é aquele vendedor que fala do desconto antes de falar do preço.

É claro que essa breve lista de perfis não esgota as possibilidades, pois aí podem ser incluídos os diferentes tipos de caráter, formação, experiência etc. Lembre-se de que aquele que vende também é humano e sujeito a diferentes humores e paixões. Mas, entre eles, levando em consideração apenas estas três variáveis ou tipos de combustíveis que impulsionam sua paixão, o melhor mesmo é que o profissional de vendas seja um modelo híbrido, uma espécie de "vendedor flex".

Do ponto de vista do cliente, é sempre melhor ser atendido por um profissional flexível, alguém que seja movido pela paixão pela venda, pelo produto e pelo cliente. De preferência colocando este último em primeiro lugar.

Todas essas dicas servem também no momento da contratação de um profissional de vendas. Será que ele é mesmo o perfil ideal para vender a sua empresa e seus produtos? Fique atento no momento da escolha.

Tenha em sua empresa um vendedor de sucesso

Muitos empresários não têm a mínima aptidão para a carreira de vendas, além de não disporem de tempo para tal atividade, por isso já se decidiram por contratar um profissional para tomar a frente dessa área em seu negócio. Para eles, além das dicas dadas acima, a primeira grande chave das vendas é saber que o marketing tem o grande papel de identificar, analisar e atender desejos e oportunidades de mercado, levando em conta os recursos de que dispõe, e poderá auxiliar o RH a delinear o perfil do profissional procurado.

Entre os recursos mencionados acima estão as capacidades individuais e coletivas, tanto internas (dos colaboradores) como externas (dos parceiros). O marketing deve sempre começar qualquer ação como uma cozinheira antes de preparar um jantar: "O que temos na despensa?", pergunta ela.

Com a ajuda de Recursos Humanos, deve fazer um mapeamento destas capacidades entre os seus atuais e possíveis futuros colaboradores para tentar entender como fazer o casamento destes recursos com as necessidades e desejos do mercado. É assim no desenvolvimento de qualquer produto ou serviço. Tendo isto em mãos, pode-se trabalhar melhor somando as capacidades detectadas para gerar um maior ganho em produtividade ou na criação de novos produtos e serviços.

"E por que não buscar a ajuda do setor de marketing no momento de fazer a escolha da pessoa certa?". Esta frase, de autoria de Jeff Daniel, tem a intenção óbvia de causar impacto, mostrar que hoje se deve procurar nas pessoas algo mais além do que o RH procurava no passado. É evidente que todo bom profissional de RH hoje precisa conhecer de marketing, precisa saber que o colaborador que está entrando é mais uma peça na construção da marca.

Em seu último livro, *A Whole New Mind*, Dan Pink diz que o MFA (ou *Master of Fine Arts*) é o novo MBA (ou *Master in Business Administration*). Isso resume bem qual o perfil do novo profissional que as empresas devem buscar. O princípio aplicado é o mesmo que é utilizado, por exemplo, na indústria automobilística. A vanguarda da indústria automobilística já não fabrica carros para quem anda a pé. Hoje, o comprador de carro é alguém que busca algo mais do que o veículo, a locomoção. Isso ele já tem. Ele busca um conceito, um significado, algo que dê um sentido à sua vida.

Não é diferente com o profissional. Profissionais com seu hemisfério direito, o criativo, mais desenvolvido — daí o *Master of Fine Arts* — conseguem criar mais, enxergar o que ninguém enxergou, ter uma postura de produto-conceito, alguém que traz algum significado para a empresa, para a equipe, para a função que ocupa.

Lembre-se, escolher bem esses profissionais é um ponto crucial para o seu negócio, já que são os vendedores da sua empresa que enxergarão a necessidade do cliente e também apontarão rumos para o restante da empresa. Afinal, são eles que, todos os dias, têm contato com clientes de carne e osso e sabem o que eles querem comprar.

Como formar um time de bons vendedores a partir desses conceitos?

O marketing deve alimentar o RH com informações relevantes de perfil e isso já foi falado anteriormente. Alguém disse que o importante não é a escola onde você estudou, mas o que você é capaz de fazer com o que aprendeu. É importante que o RH enxergue cada novo colaborador não como um novo executor, mas como um novo inovador. Então, o número de diplomas passa a ter um significado menor numa sociedade em que se compra cursos de baciada. A habilidade do profissional em mostrar como é capaz de fazer a empresa vender mais e melhor é o que passa a ser importante.

Todas as pessoas na empresa precisam ser orientadas para o atendimento ao cliente, o que equivale dizer que todos precisam ser vendedores ou ter bem claro na mente que sua função é de apoiar o marketing, porque é pela área comercial que entra o dinheiro que garante e justifica a existência da empresa e de cada um de seus postos de trabalho.

É claro que nem todo funcionário enxergará isso se não existir o elemento motivador, que geralmente é visto como ganho financeiro, prazer em exceder as expectativas, prestígio de ser visto e coisas assim que são inerentes ao ser humano. O maior ativo de uma empresa são as pessoas, e quando a empresa não entende o comportamento humano acaba extraindo apenas o mínimo que cada colaborador é capaz de dar.

A interação e bom relacionamento da equipe é essencial. Atendimento é algo feito em equipe, e uma equipe não pode funcionar sem integração. Times de futebol, orquestras, remadores, todos trabalham em equipe, sincronizados. Quando isso não acontece, toda a equipe fica ineficiente e todos sofrem com isso, pois um depende do outro. Se todos os jogadores em campo forem boicotados pelo goleiro, perdem o jogo. Por isso, antes mesmo de se buscar excelência no atendimento externo, é preciso encontrar o equilíbrio no atendimento interno. Às vezes, o que sua equipe precisa mesmo é ser alinhada e, em muitos casos, um bom treinamento pode posicionar o seu time da melhor forma.

Funcionários preparados

De nada adiantará mudar sua loja ou a maneira de conquistar clientes se não mudar o modo de agir de sua equipe. Uma loja nova e moderna com uma equipe mal vestida, mal treinada e mal-educada pode colocar todo o seu investimento a perder. Mesmo que a sua empresa seja formada por apenas uma pessoa: você. Lembre-se do que foi dito no início: são as coisas fora do normal que atraem a atenção da pessoa que entra em um ambiente. Mas é importante dizer também que a atenção costuma ser despertada mais para os defeitos do que para as qualidades. Portanto, se a loja vai ganhar um "banho de loja", o mesmo deve acontecer com todos os que trabalham dentro dela.

Primeiro, é preciso que todos na empresa tenham cultura de marketing. E isso, repetindo a ideia, não é cultura de propaganda. A propaganda é apenas uma das ferramentas utilizadas pelo marketing. Ter cultura de marketing é, primeiramente, conhecer a marca, seguido pelo discernimento para analisar oportunidades de negócios, enxergar o futuro do segmento, criar alternativas de crescimento, buscar novas formas de atender e vender ou, até mesmo, novos produtos e perfis de clientes. Esse é um processo contínuo, e cabe ao empresário disseminar uma cultura assim em todos os níveis da empresa. Em suma, é criar um senso de oportunidade em todos, da pessoa que atende um telefone e identifica com as perguntas corretas o potencial de compra daquele cliente, até o técnico que visita o cliente e faz um trabalho de "olheiro", identificando oportunidades de agregar novos produtos e serviços no local.

Incentive os seus funcionários (e isso também serve para você) a procurarem sempre aprimorar suas competências com a leitura de bons livros, sites e blogs sobre o assunto, participando de cursos e palestras, e, principalmente, procurando conhecer a natureza humana. Vender tem muito de psicologia, e todo vendedor deve entender comportamentos se quiser ter sucesso na profissão.

As pessoas que atendem precisam entender que estão em uma vitrine e que isso é uma oportunidade de carreira, seja dentro ou fora da empresa. Quando alguém percebe que o que é bem feito não é feito apenas para a empresa, mas principalmente para o seu desenvolvimento profissional, aí passa a se interessar mais por qualidade.

Veja só que interessante este exemplo e como a forma que você age no atendimento pode fazer toda a diferença. Um conjunto de 26 estudos feitos durante 35 anos para definir onde as mulheres poderiam ser melhores do que os homens revelou que as mulheres têm melhor desempenho no atendimento médico por conversarem mais com os clientes, envolverem os clientes nas decisões de tratamento, criarem uma atmosfera mais positiva, e porque encorajam mais e têm maior empatia pelos que sofrem.

Judy Rosener também fala disso em um livro chamado *America's Competitive Secret*. Segundo ela, os homens se comunicam para obter informações, estabelecer seu próprio status e mostrar sua independência, enquanto as mulheres se comunicam com objetivos diferentes. Elas querem criar relacionamentos, encorajar uma maior interação e trocar sentimentos. Pode-se, então, extrair desse estudo que desenvolver um interesse sincero pelo cliente e ajudá-lo é um caminho para o sucesso.

E essas habilidades podem ser desenvolvidas, caso não sejam natas no profissional. Afinal de contas, qualquer atividade hoje exige capacitação, e isto não é diferente no caso do vendedor.

É importante também se manter atualizado com o mundo em que vive, pois em muitas ocasiões precisará ter assuntos interessantes para conversar durante o quebra-gelo de uma venda prolongada e ditada pelo relacionamento. E não faltarão situações em que o seu funcionário e equipe precisarão se aprofundar em assuntos que sejam de interesse de seus clientes, como forma de cativá-los dentro de um relacionamento comercial ou até mesmo para saber como associar os benefícios de seu produto ou serviço às aspirações desses clientes.

Dependendo da velocidade de evolução dos produtos e serviços que você vende, será preciso manter-se atualizado com novos modelos e versões de seus produtos e serviços. Paralelamente, você precisará ficar antenado nas possibilidades criadas pelos desdobramentos de seu segmento para ser capaz de identificar oportunidades melhores em termos de mercados, ganhos e crescimento na profissão.

Invista em Treinamento

Geralmente, quando alguém argumenta contra o investimento em treinamento e capacitação, dizendo: "e se eu treinar e a pessoa sair?", um contra-argumento seria: "e se você não treinar e ela ficar?" O que o empresário precisa entender é que o custo de um bom treinamento é irrisório perto do que ele está perdendo em vendas com uma equipe desqualificada para a tarefa. A ideia de que o profissional aprende fazendo pode dar certo em outras atividades, mas no atendimento isto significa desastre, pois quem aprende fazendo geralmente aprende com os próprios erros. E, como no começo a pessoa vai errar muito, é preciso avaliar o peso que esses erros terão no faturamento.

Por exemplo, uma loja que fature um real por venda pode não sentir muito o prejuízo causado pelo erro. Depois que o vendedor tiver errado cem vezes e perdido cem vendas é possível que ele tenha aprendido a lição e comece a vender de verdade. O custo de seu "treinamento" por tentativa e erro terá sido de cem reais.

Mas se o que estiver em pauta forem as vendas de cem reais cada, então haverá uma perda de dez mil reais no processo de aprendizado daquele vendedor. Uma loja de eletroeletrônicos pode ter médias de mil reais por venda, então o vendedor ruim terá custado cem mil reais para aprender a vender. É possível gastar muito menos que isto com um treinamento de verdade. O problema é que a empresa não tem como medir de maneira eficaz as vendas perdidas, a menos que comece a monitorar o número de contatos de cada vendedor com as vendas fechadas. Isto costuma ser feito em vendas corporativas, já que existe um deslocamento do profissional até o cliente, mas para aquele vendedor que fica na porta da loja interagindo com as pessoas que dão uma paradinha e trocam três palavras de prosa com eles, fica difícil saber se era alguém querendo comprar ou apenas perguntando as horas.

Para se ter uma boa equipe de vendas será necessário, mais do que tudo, saber vender bem a sua capacidade de vender, e, para isso, os seus funcionários deverão manter sempre bem lubrificadas as suas habilidades de vender bem, além de colecionar uma grande carteira de clientes firmes e com potencial. E isso vale também para empresas tocadas por apenas um indivíduo. A sua capacitação será ainda mais necessária neste caso, pois você exercerá atividades de inúmeros profissionais simultaneamente.

É perfeitamente compreensível que nem todo empresário tenha um negócio grande o suficiente para arcar com o custo de um treinamento específico para sua loja, mas hoje há várias opções de treinamentos para diferentes níveis de negócio. As próprias associações comerciais costumam promover treinamentos que são aplicados a turmas mistas, vindas de diferentes segmentos do comércio. Mas é preciso fazer aqui um alerta, caso você decida enviar seus vendedores para um treinamento assim, em turmas mistas: se as condições de trabalho em seu estabelecimento não forem as melhores, é conveniente primeiro fazer a lição de casa. Sua equipe irá conhecer outros vendedores que talvez contem como é bom trabalhar na loja concorrente e seus balconistas podem decidir nem voltar.

Novamente, lembre-se, como já mencionado, que tendo ou não recursos para investimento, o Sebrae faz um trabalho muito bom de assessoria a pequenos e médios negócios, portanto não existe razão para o lojista continuar sozinho confiando apenas em sua própria experiência. Muitos negócios se reinventaram quando aprenderam a usar ideias que nem eram originalmente de seu segmento, mas de segmentos diferentes. Um consultor pode ajudar também neste sentido.

Uma estratégia de treinamentos deve também levar em conta certa periodicidade. Como todos os seres vivos, os seres humanos são propensos à acomodação e a buscar sempre uma forma de gastar menos energia, por isso, sempre que o lojista perceber que o desempenho da equipe está caindo, é hora de dar uma injeção de ânimo nela. Com o tempo, ele próprio começará a perceber a periodicidade com que isto acontece e saberá aplicar treinamentos antes mesmo de perceber uma queda no desempenho.

Às vezes nem é de um treinamento que a equipe precisa, mas de um simples empurrão motivacional. Para isso, existem palestrantes que fazem muito bem esse papel e o lojista nem mesmo precisará investir muito em um evento exclusivo, podendo apenas comprar ingressos para sua equipe participar de palestras que estejam no calendário de eventos da cidade onde atua.

O que vale aqui é focar no preparo de todos da empresa para a realização de um bom atendimento e evitar atendimentos desastrosos. Isso não significa apenas evitar a perda de clientes, mas principalmente se precaver da perda de novos clientes. Isto porque hoje as pessoas têm uma capacidade de comunicação sem igual e com poucas teclas podem queimar para sempre a reputação da empresa nas redes sociais, já que o lado nefasto da tecnologia, pelo menos para quem vende, é que o cliente tem também poder para divulgar aos quatro ventos sua insatisfação com a compra, com o produto e até com o vendedor, o que não é nada agradável.

Considerando a questão da comunicação, nunca é demais trabalhar essa habilidade também por meio de treinamento. Os eventos específicos de vendas, inclusive os motivacionais, servem para o vendedor tomar um novo alento na profissão, algo necessário se você levar em conta a quantidade de vezes que um vendedor escuta um "não" todos os dias.

A comunicação e o bom desempenho nas vendas

Comunicação é essencial em todo processo de venda que envolva seres humanos. A tecnologia vem mudando isso até certo ponto com os *marketplaces* para vendas de commodities, leilões reversos, *supply chain management* etc., nos quais boa parte do processo de compra e venda é automatizado. Mas sempre que existir a necessidade de apresentação de um produto ou serviço e negociação de preços e condições, a comunicação será a parte mais importante do processo de venda.

Quando não existe disposição para reconhecer as próprias falhas, os problemas de comunicação surgem. Em uma equipe, a tendência de tentar culpar outros pelas próprias falhas vai criando abismos de comunicação que acabam interferindo no atendimento como um todo. Veja que não existem técnicas milagrosas quando o assunto é relacionamento humano. Mas deve existir um maestro que saiba detectar as dissonâncias e dirigir a equipe com o próprio exemplo. O importante é saber que todos são propensos à acomodação. Daí a necessidade de treinamento e avaliação constantes.

Andar de bicicleta se aprende andando. Comunicar-se é algo que se aprende se comunicando. Você pode ler todos os livros de comunicação, mas, se não praticar, não sairá do lugar. Muitos alegam que são tímidos, que não sabem falar, que isso e aquilo, mas a comunicação exige uma atuação, exige que você incorpore uma personagem comunicativa, como se estivesse no teatro. Um ator representa diferentes papéis em sua vida artística, e pode não ser coisa alguma dos papéis que representou. Assim é com a comunicação. É preciso representar, porque ela é uma necessidade vital para o profissional. Obviamente, alguns terão melhor talento, enquanto outros nem precisarão representar porque ser comunicativo faz parte de sua natureza.

Uma boa técnica é usar um modelo, alguém que você já admire por sua capacidade de comunicação e oratória, e procurar imitar essa pessoa. Uma observação dos detalhes da oratória de um profissional pode trazer mais resultados que um curso de horas sobre o assunto. Neste caso, é bom assistir em vídeo, anotar, voltar, analisar de novo, até ter praticamente decorado os detalhes de articulação das palavras, postura, gestos das mãos, olhar e tudo o que está envolvido na comunicação.

Existe um modelo de comunicação que pode ser muito útil aos profissionais que desejam melhorar suas habilidades neste aspecto para a venda, o modelo AIDA. Isso já existe há muito tempo e pode ser encontrado facilmente em livros de comunicação, marketing e vendas. Ele basicamente cria uma sequência que o profissional deve seguir se quiser se comunicar bem.

A letra "A" vem de Atenção, que é a primeira coisa que se deve buscar na hora de comunicar alguma mensagem. Se você não consegue ganhar a atenção de seu interlocutor ou de seu público, não poderá se comunicar com ele. Aquilo que se costuma chamar de quebrar o gelo pode ser uma forma de conquistar a atenção de uma plateia.

A letra "I" vem de Interesse. Uma pergunta bem colocada pode criar interesse, pois a audiência esticará as orelhas para saber qual a resposta que você dará a ela. Em seguida, sua mensagem deve trazer elementos que despertem o Desejo, que é a letra "D" de AIDA. Mas, para despertar o desejo, é preciso conhecer sua audiência, ou não conseguirá apertar a tecla correta em seus cérebros.

Finalmente vem o "A" de Ação, que pode tanto ser uma decisão de compra da parte do cliente, como uma mudança de atitude na equipe que ouve a palestra numa empresa. Em tudo isso é importante relembrar que o ser humano é movido a emoções e a símbolos, portanto sua mensagem precisa também ser carregada de um tempero emocional e polvilhada com símbolos que evoquem lembranças familiares em quem a escuta.

Uma das habilidades de um bom comunicador é saber traduzir seus pensamentos e ideias na forma de conceitos adequados a cada público. Os jargões técnicos da contabilidade podem ter seu lugar para uma audiência com formação semelhante, mas de nada valem para tratar com clientes leigos. Para estes, falar difícil pode dar a impressão de soberba, além de não fazer sentido.

É preciso desenvolver uma percepção adequada à comunicação em diferentes ambientes e com diferentes públicos, além de entender que, em comunicação, assim como na arquitetura, menos significa mais. O profissional deve sempre podar ao máximo seu palavreado para usar apenas o que for estritamente necessário. Além disso, uma boa técnica é levar na manga histórias e casos que sempre tornam a comunicação mais interessante.

Portanto, revelando em poucas palavras o segredo de uma comunicação eficaz cuja finalidade é ganhar e cativar clientes, algumas boas dicas são: conte histórias, faça analogias, use parábolas, crie metáforas, mas acima de tudo, seja coerente.

Prospecção de clientes

De maneira geral, quais os principais erros que empresários cometem no momento de realizar a prospecção de clientes? Tente responder a essa questão antes de continuar lendo.

Bom, seria possível enumerar vários deles, mas certamente um dos grandes erros de quem procura por novos clientes é sair atirando para todos os lados sem antes fazer uma análise do que pretende encontrar. Além disso, algumas empresas erram por não prever que seus *prospects* podem efetivamente se transformar em clientes. E estes, quando a empresa descobre que sua capacidade está aquém da demanda que conseguiu vender, se transformam em clientes decepcionados.

Conseguir novos clientes é apenas um passo de um processo maior, que inclui satisfazê-los e retê-los para sempre. Para que ocorra uma boa prospecção de clientes é preciso existir antes um bom planejamento de marketing para definir o perfil de seus *prospects* e a melhor maneira de abordá-los e conquistá-los como clientes.

A imensa gama de possibilidades de alcançar o cliente pode confundir, por exemplo, o micro e pequeno empresário que ou acha que deve investir em todas as frentes, ou que não investe em nenhuma esperando que aconteça o contrário: que de algum modo o cliente o encontre ao fazer uma prospecção de fornecedores. Antes disso acontecer, o concorrente pode ter levado o prêmio graças à sua iniciativa.

Geralmente, o micro e pequeno empreendedor decidem o que vender, investem em sua empresa, e depois saem em busca de quem poderia comprar o que ele tem a oferecer. Embora este aspecto da prospecção deva existir continuamente, paralelamente a isto deve existir uma cultura de prospectar o que as pessoas buscam comprar, e não para quais pessoas você pode vender.

Retomando um exemplo já utilizado, se você vende máquinas de escrever, pode se matar de prospectar que não vai acontecer nada, pois perdeu a oportunidade de redirecionar seu negócio para atingir um público que já não busca pelo seu produto. Este é o papel de um bom planejamento de marketing, para prospectar tendências, desejos e expectativas, antes até de pensar em chegar à prospecção de clientes propriamente dita.

Então, na prática, qual seria a maneira ideal de prospectar clientes? A empresa que prospecta novos clientes deve ter em mente o perfil potencial das pessoas que pretende conquistar. Se puder avaliar o poder de compra daquele público que pretende atingir, já deu um passo importante, pois poderá conquistar clientes que não comprarão apenas uma vez. O custo de se prospectar clientes de uma compra ou clientes para um relacionamento vitalício é o mesmo.

Mas existe uma segunda coisa que exige a atenção da empresa, e é a cadeia de relacionamentos daquele *prospect*. Se sua empresa atua no mercado *business to business*, vendendo e atendendo a outras empresas, avaliar a cadeia de suprimentos em que cada uma está inserida pode ajudar na hora de decidir em qual *prospect* investir mais tempo.

Suponha que você forneça tinta para fins industriais ou até mesmo suprimentos de limpeza. Se você sabe que uma determinada empresa está inserida numa cadeia que envolve um relacionamento com muitos fornecedores e clientes, esta deve ser sua prioridade. Se você a conquistar como cliente, terá grandes chances de conquistar também seus fornecedores e clientes.

Uma coisa é chegar a um *prospect* na condição de um ilustre desconhecido. Outra é chegar já com uma referência do tipo "eu forneço para o seu cliente" ou "seu fornecedor é um grande cliente meu". As pessoas tendem a confiar mais em quem chega com algum tipo de referência.

Quanto à abordagem, a diferença não está apenas entre produtos e serviços, mas no tipo de produto e no tipo de serviço. Há produtos e serviços que os clientes compram por impulso, e talvez apenas quando estimulados a isso. Em outros casos, como no exemplo mencionado de suprimentos, a compra pode ser na forma de um contrato de fornecimento por meses ou anos.

Há, também, produtos e serviços que não dependem de qualquer tipo de análise prévia da situação do cliente e seus problemas antes de se apresentar uma solução. Por outro lado, alguns produtos e serviços exigem uma análise prévia que pode durar dias, até se descobrir implicações para um problema ou necessidades que nem mesmo o *prospect* conhecia. Assim como ocorre na venda propriamente dita, não é possível criar um padrão único de abordagem para todos os casos.

A prospecção também pode ser feita em feiras de negócios. A empresa deve participar de feiras atacando o máximo possível de frentes. Para alguém que vende suprimentos para limpeza industrial, por exemplo, fica até fácil, porque basta visitar feiras de qualquer segmento, para obter contatos, e eventualmente participar como expositor em feiras de produtos para limpeza industrial.

Falando ainda em ser expositor em uma grande feira, é preciso analisar se essa é a melhor estratégia para a sua empresa, pois estará em uma ilha cercado de concorrentes por todos os lados, enquanto os possíveis clientes passam por você. Se for um pequeno empresário, possivelmente à sua direita e esquerda terá concorrentes com estandes gigantes que te deixarão menor ainda. Então não é esta a melhor estratégia para o micro e pequeno empresário, a menos que ele tenha um produto tão incrível que as pessoas se enfileirem para consultá-lo.

Para evitar grandes investimentos, o melhor é que o pequeno empresário visite feiras onde os expositores sejam clientes em potencial. É muito mais barato e fácil visitar cem possíveis clientes amontoados em um pavilhão do que viajar quilômetros para visitá-los em seus endereços sem garantia de ser recebido.

Mas é preciso ter em mente que os contatos gerados em feiras assim não serão com pessoas que querem comprar, mas pessoas que querem vender. Portanto, trata-se de uma prévia à visita efetiva à empresa do *prospect*, apenas uma oportunidade de conhecê-lo e obter um contato na área de compras da empresa, para depois fazer uma visita a este com a indicação do contato feito na feira ou exposição.

A prospecção ativa também pode se dar por meio de contatos pessoais, como visitas, ou usando algum meio de comunicação, como telefone ou e-mail. Mas é importante pensar também na prospecção passiva, ou seja, a análise dos contatos hoje gerados por meio de um site na *internet*. Saber quem são, de onde vieram, por que razão estiveram naquela página e para que página foram é analisar o terreno e suas possibilidades de encontrar algo de valor.

Trabalhando venda relacional no comércio eletrônico

Na Web, os princípios são os mesmos, mas é bem mais difícil para o pequeno empresário competir se o que vender puder ser encontrado em qualquer lugar. Os grandes sempre têm maior capacidade de investir em tecnologia, design e propaganda para acabarem em primeiro lugar na mente dos compradores na hora de comprar. Sites de comparação de preços podem mudar um pouco isso, mas então apenas os pequenos com melhores preços poderão competir com os grandes com melhor tecnologia, o que acaba levando a uma venda transacional e não relacional.

Possuir um diferencial tecnológico também poderia ser considerado importante para criar clientes relacionais. Porém a facilidade de clicar de uma loja para outra pode prejudicar quem investe em tecnologia para atrair clientes relacionais. Posso, por exemplo, ir ao site *Amazon.com* para pesquisar os livros, ler trechos que publicam no site, verificar o que dezenas de clientes opinaram, para depois ir comprar em uma livraria qualquer que ofereça o melhor preço e a mesma segurança, ainda que não tenha nada mais que um site simples e despojado.

O ambiente virtual pode ser um espaço para vendas relacionais se você criar um diferencial dentro do segmento onde atua ou atuar em nichos muito específicos de mercado. Na área de serviços isso fica mais fácil, porque serviços têm menor possibilidade de se transformar em commodities. Mas, na venda de bens tangíveis, o que permite criar um cliente relacional na *internet* é a segurança e a facilidade de encontrar tudo em um só lugar e facilitar a compra e o recebimento. Uma "praia" que é certamente mais propícia para grandes empresas ou para aquelas que são criativas o suficiente para se destacarem em um ou outro aspecto, normalmente intangível, da venda. E essa também é uma forma mais fácil de manter e cultivar o relacionamento com o seu cliente.

Valorize o relacionamento com o cliente: Pós-compra

Por falar em relacionamento com o cliente, você não deve jamais esquecer do pós-venda, que, por sinal, não deveria ser chamado de pós-venda, mas de pós-compra, porque deveria ser adotada a ótica do cliente, não a do vendedor. Ele comprou, portanto, é preciso saber o quanto ele ganhou em satisfação com a compra. Quem faz o pós-venda ou pós-compra, como sugerido, deve sempre entender que o produto ou serviço não foi o mais importante na transação, e sim a experiência da compra e de seus resultados.

Seres humanos são complexos, por isso pode ser mais importante você ligar para o cliente para parabenizá-lo pelo filho que entrou na faculdade do que para perguntar se está satisfeito com o produto ou serviço que você vendeu a ele. É claro que ele sabe quem você é e o que comprou de você, mesmo que você nem toque no assunto. Saber que você se importa com o bem-estar dele é muito mais importante do que saber se o produto ou serviço que você vendeu está com o desempenho esperado.

O pós-venda é muito importante neste sentido, e todo vendedor deve saber disso. É claro que, dependendo do negócio, esta pode ser uma responsabilidade da empresa, e não do vendedor, como é comum acontecer na venda de varejo. Neste caso, não cabe ao vendedor ficar ligando para o cliente, pois isto pode ser entendido como assédio.

O pós-venda de varejo deve ser uma estratégia adotada pela loja, como cartões no aniversário, cupons de desconto e lembranças em datas estratégicas, como o Dia da Mulher, Dia da Criança etc. Em alguns casos de vendas de alto valor agregado, o vendedor pode ligar para o cliente para saber se ficou satisfeito ou algo assim. O pós-venda automatizado geralmente não funciona muito em casos assim, pois é muito impessoal e quem está ligando, às vezes, nem sabe quem é o cliente ou o que foi conversado na venda.

O vendedor habilidoso pode começar seu pós-venda imediatamente após o fechamento e pagamento da compra, avisando o cliente das novidades que devem chegar e solicitando permissão para contatá-lo quando isso ocorrer. Isso lhe dará uma oportunidade de voltar a entrar em contato com o cliente mesmo que este não volte à sua loja naquele período.

Numa venda corporativa, aí sim esse contato é importante e até mesmo prática constante dos melhores vendedores, pois a venda corporativa é, por si só, uma venda que envolve muito relacionamento. Em qualquer caso, o vendedor poderá usar de recursos de continuidade, isto é, nunca encerrar uma venda ou conversa como se fosse a última vez. Sempre é bom terminar o contato dizendo que há uma promoção que deve acontecer nos próximos dias, no caso da venda de varejo, ou que teve uma ideia que poderá interessar o cliente, para o que entrará em contato em breve.

É claro que em ambos os casos é preciso que a tal promoção realmente aconteça e que a ideia seja de fato interessante para o cliente. Em outras palavras, além das cartas na manga que um vendedor pode usar no momento da venda, ele deve ter algumas para serem parcialmente mostradas, para gerar curiosidade e interesse, e reservadas para o próximo contato.

Todo profissional deve aproveitar o tempo livre para tomar decisões. Faltou tempo para atender um número grande de clientes? Verifique se a sua comunicação não é muito cheia de palavras inúteis que só aumentam o tempo de visita ou de contato com o cliente sem acrescentar valor a isso. O número de vendas fechadas não foi satisfatório? Procure ler e aprender sobre fechamento de vendas. Há muitos sites e livros na *internet* sobre o assunto. Tem dificuldade com as novas tecnologias? Peça ao filho ou sobrinho para dar algumas aulas de como dominar a fera tecnológica. Às vezes é preciso aprender as novas tecnologias com o auxílio das novas gerações, principalmente porque, à medida que se envelhece, são as novas gerações que acabam se tornando os principais clientes.

Por fim, retomando um assunto iniciado previamente: não se esqueça da necessidade de se ter uma boa percepção na hora de contratar funcionários e terceirizados, e isso faz parte das atribuições do gerente. As melhores pessoas para qualquer tipo de empresa nem sempre são aquelas com mais experiência, porque anos de experiência podem também significar anos de vícios difíceis de serem extirpados. Em vendas, por exemplo, o que conta pontos, além do conhecimento do produto e serviço, é a atitude, ousadia, ambição e principalmente bom humor e carisma, já que as técnicas podem ser aprendidas por pessoas que naturalmente têm iniciativa.

V Capítulo

Gerenciamento de equipes e "autogerenciamento"

Todos os gerentes, certamente, gostariam de 'tocar' sua equipe para as responsabilidades de sua atuação. O problema é que há duas formas de fazer isso, e muitos ainda utilizam a primeira, quando se colocam por trás de sua equipe, a qual é sim tocada, porém como se fosse gado.

Esse é o 'gerente vaqueiro', e ele não vê necessidade de se gerenciar, mesmo porque nenhum de seus comandados gostariam de tê-lo como exemplo. Encontramos empresas assim, onde as pessoas correm do gerente e não para o sucesso. É uma relação de fuga do algoz e não de ímpeto em direção à realização.

O outro tipo de gerente também toca sua equipe, mas de uma forma muito diferente. Falo do 'gerente pastor', que vai à frente da equipe. Ele toca tudo: consciência, coração, emoções etc. O simples fato de ele se colocar à frente, e não na retaguarda, exige que ele cuide de si mesmo, de sua imagem, de sua qualificação, pois sabe que é ele o 'norte' naquele momento. Se a equipe errar, é porque ele errou.

Isso é o que chamamos de liderança pelo exemplo. É a que cria melhores profissionais, porque é exercida pelos melhores profissionais. Neste caso, a responsabilidade com a qualidade é grande, pois o objetivo é que a equipe admire o gerente, não que fuja dele ou tenha medo.

É evidente que nem todos os gerentes são do tipo "pastor", e nem todos os colaboradores podem ser guiados por um gerente assim. Há pessoas que não funcionam sem que seja com um empurrão. Você coloca alguém à frente liderando pelo exemplo, e este acaba seguindo e fazendo sozinho, enquanto sua equipe apenas assiste.

Então, já não se fala aqui só de qualificação de gerentes, mas de qualificação de gerentes e equipes. Se não existir o mesmo tipo de atitude, não vai haver harmonia. A mesma qualidade que se espera de um deve existir no outro.

Primeiro é a consciência de que você é referência para alguém. E sempre se é referência, para os filhos, pais, colegas e amigos. Sempre existe alguém te tomando como exemplo, para o bem e para o mal. Quando essa consciência é determinante em uma personalidade, essa pessoa passa a cuidar do que faz, do que diz, do que comunica, pois sabe que estará influenciando outros. O tamanho da influência é o tamanho da responsabilidade.

Adotada ou percebida essa consciência, o profissional passa a se policiar, a se enxergar de fora, como os outros o enxergariam. Não é o mesmo que se fala quando se trata da relação empresa-cliente? Não se diz que é preciso adotar o ponto de vista do cliente para atendê-lo com qualidade? Um bom gerente enxerga todos, inclusive seus subordinados, como seus clientes. E trabalha também para servi-los. Pelo menos é isso o que se aprende com o maior líder de todos os tempos, que liderou pelo exemplo.

Já as prioridades da "autogerência" são aquelas da missão em que ele está engajado. É claro que essa missão exigirá um preparo das pessoas envolvidas, portanto há momentos em que a "autogerência" significa investir em si próprio e ampliar sua capacidade de investimento. Um gerente é, antes de mais nada, um investidor.

Ele investe em sua equipe e investe na empresa, e o sucesso de suas ações reverte em lucro para si na forma de comissões, prêmios, promoções ou qualquer que seja o sistema adotado pela empresa.

Em qualquer caso, os resultados que ele obtém sempre retornam como lucro ou prejuízo para sua carreira e reputação. Reconhecer e entender isso é premissa básica para se gerenciar. Veja essa frase de John Huey: "Noventa e cinco por cento dos gerentes falam a coisa certa. Cinco por cento fazem." Terá ele dito que são poucos os que lideram pelo exemplo?

O Líder do século XXI

Você já deve ter se questionado sobre quais são os desafios da liderança no tempo atual e quais as maneiras mais eficientes para gerentes e proprietários exercerem a liderança, tendo em vista uma equipe mais "afinada" e em uma empresa mais competitiva!

Como já foi falado, a liderança é apenas uma das funções de um gerente. As outras são: planejar as ações ou a direção a ser tomada, organizar ou criar os processos e fazê-los funcionar, e controlar para assegurar os resultados pretendidos. Nesse quadro todo, liderar é ajudar a todos os que trabalham para você, inclusive empresas terceirizadas, a enxergar a direção a seguir, motivar e entusiasmar seus colaboradores e estimular o empenho e o comprometimento de cada um. Neste aspecto, o líder tem muito de um treinador esportivo na hora do jogo, e nos outros aspectos ele é mais um estrategista e contabilista de resultados.

As características de um líder são sua energia e tenacidade em enfrentar desafios, confiança em suas habilidades, criatividade, conhecimento do negócio onde atua, facilidade em identificar comportamentos e interpretar as informações que recebe continuamente, flexibilidade para mudar com facilidade e, principalmente, ética, integridade e honestidade. Se no passado alguns até consideravam aceitável que um líder usasse de todos os meios possíveis, lícitos ou ilícitos, para atingir seus fins, hoje já ficou provado que um comportamento assim leva ao deterioramento de toda a equipe. As empresas que buscam líderes que sejam leais à organização, porém desonestos para com o mercado, acabam descobrindo que os desonestos tendem a ser assim em todas as direções.

Os desafios de um líder estão em fazer justamente isso: desafiar. Ele deve estar sempre colocando em questão os processos para fazer com que cada um dê o máximo de si. O líder deve ter também um espírito pioneiro para experimentar novos caminhos, encorajar a inovação e também apoiar pessoas que lhe tragam boas ideias. Você já ouviu falar que Michael Dell tem um desses tratorzinhos tipo rolo compressor de brinquedo em sua mesa para lembrá-lo de nunca atropelar pessoas que entram em sua sala trazendo novas ideias?

Outro desafio do líder é demonstrar entusiasmo naquilo que ele faz e nas conquistas da equipe. O líder desanimado ou que não reconhece o progresso de sua equipe, não inspira os outros nem comemora os resultados, logo deixará de ser exemplo para seus liderados.

Ele precisa também detectar e desenvolver os talentos que encontra na equipe, incentivando e descobrindo em que atividade cada um se encaixa melhor. Um bom líder é capaz de reconhecer um bom talento e o lugar mais adequado para ele. Gerentes inexperientes pensam que todas as pessoas servem para todos os postos, o que é um engano. Há pessoas que têm um desempenho melhor em determinadas atividades ou ambientes de trabalho.

Outra função do líder, hoje, é a de identificar as redes de relacionamento entre as pessoas de sua equipe e se aproveitar disso. Todas as pessoas têm amigos e conhecidos que podem ser os talentos que estão faltando na equipe e o líder deve saber extrair esse conhecimento das pessoas com as quais trabalha. Deve também procurar criar em seus colaboradores não apenas um senso de equipe, mas de relacionamento, fazendo com que a equipe se transforme numa rede de relacionamento onde exista harmonia e auxílio mútuo, mas onde seja estimulada também uma competição saudável para que todos busquem sempre criar patamares de excelência.

Empreendedorismo e gestão

A tarefa dos líderes é criar o sentimento da necessidade de mudança. Líderes talentosos conseguem fazer isso. O profissional que decide por iniciar o seu novo negócio também deverá demonstrar aos que estão ao seu redor, principalmente para a sua família, que chegou a hora da mudança.

Eles precisam também manter um excelente relacionamento com as pessoas envolvidas, ajudando, delegando e, principalmente, servindo de exemplo no processo de mudança. Líderes que simplesmente mandam ou esperam que os outros mudem não terão sucesso nesta área.

Os líderes devem ser também pessoas capazes de implementar a mudança, de fazer as coisas acontecerem, identificando o que deve ficar como está, o que deve mudar primeiro, como deve ser mudado, quais as pessoas mais indicadas para o processo, quais as tecnologias e estruturas que devem ser utilizadas etc. Portanto, os líderes envolvidos com a mudança devem ser pessoas de ação.

Mas toda mudança que for localizada tem que ser pensada tanto em seu aspecto geral quanto nas mudanças contínuas envolvidas. Portanto, o líder deve também estar preparado para estabilizar o processo de mudança quando necessário, providenciando o que for preciso para que a mudança seja aceita e possa haver continuidade nos novos comportamentos adquiridos a partir dela. Isto envolve sua capacidade de recompensa, já que ninguém moverá uma palha se não tiver alguma vantagem nisso.

Liderar a si mesmo é o primeiro passo para dar início a um novo negócio. Para administrar todos os aspectos que envolvem a criação de um novo negócio, esteja você trabalhando sozinho, com um grande ou pequeno time, você terá que ter muita disciplina e habilidades gerenciais. O tempo, por exemplo, é um aspecto preciosíssimo para estabelecer uma empresa. Criar cronogramas e traçar metas e objetivos envolve cálculo de tempo, mesmo que este seja percebido como anos.

Ser capaz de administrar a menor partícula do tempo, o que para nós podem ser os minutos de um dia, é essencial para alcançar e avançar no seu plano.

Gerenciando o seu tempo e o tempo de sua equipe

Organize o seu tempo! Sempre existe uma maneira de você organizar melhor o seu tempo antes de iniciar novos planos. A própria experiência que você adquire fazendo as coisas o leva a fazê-las melhor, no mesmo tempo, gastando menos energia e com maior satisfação. O progresso é algo inerente ao ser humano e você não deve descartar os pequenos progressos que faz no dia a dia até nas tarefas mais banais. Mas é claro que isso depende de sua iniciativa e criatividade. Pessoas criativas estão sempre inventando novas maneiras de racionalizar o uso do tempo.

A primeira coisa é entender que você não organiza ou administra o tempo, e sim as tarefas que executa dentro do tempo que tem, o qual é igual para todas as pessoas. Outra coisa importante é reconhecer que diferentes ferramentas de organização e administração de tarefas funcionam para diferentes pessoas. Alguns precisam de um software para organizar suas tarefas, metas e compromissos, enquanto outros são igualmente eficazes anotando tudo em bilhetinhos ou na palma da mão. Se um tentar usar as ferramentas do outro, provavelmente haveria duas pessoas gastando mais tempo para fazer as mesmas coisas. Uma por precisar aprender o sistema, e a outra por ficar perdida pela falta de um controle mais preciso de seus compromissos.

É preciso perceber se você está fazendo bom uso do seu tempo. Antes de sair da sua atual condição, convém racionalizar o tempo entre as suas atividades vigentes de forma a organizar sua rotina a fim de obter um melhor rendimento no futuro dentro de suas possibilidades. Lembre-se que as pessoas têm diferentes percepções do tempo, portanto só é possível saber se o seu tempo e o tempo de sua equipe estão sendo bem aproveitados dentro de seu perfil de percepção e da cultura na qual você está inserido.

O ambiente onde você vive também tem grande impacto no uso do tempo. É comum alguém da capital passar alguns dias no interior e achar que ali as pessoas fazem tudo mais devagar. O que acontece é que na capital você perde quatro horas de seu dia dentro de um carro, ônibus ou metrô, enquanto aquele que mora no interior tem ao seu dispor quatro horas a mais para fazer suas tarefas com maior tranquilidade.

Existem também características que são pessoais e decorrentes de fatores culturais ou genéticos. Pessoas monocrônicas fazem uma coisa de cada vez, levam agendas a sério e se dão bem com relacionamentos de curto prazo. Já as pessoas policrônicas fazem um monte de coisas ao mesmo tempo, nunca chegam no horário e constroem relacionamentos para a vida toda. Estas não se importam quando são interrompidas, pois a interrupção faz parte de seu contexto de percepção do tempo. Para as policrônicas, pode levar o tempo que for. Para as monocrônicas, cada minuto conta.

Olhando para os seus objetivos futuros, antes de achar que está aproveitando mal o seu tempo, tente avaliar se esse aproveitamento que você busca é do ponto de vista emocional ou de resultados. Um vendedor pode chegar ao final do dia com muitas vendas realizadas e um bom dinheiro no bolso. Mas se ele vende um produto só e sua venda é do tipo toma lá, dá cá, sem qualquer negociação ou interação com o cliente, o grande volume de vendas será percebido apenas como stress.

Já o vendedor que a cada venda precisa negociar e conquistar terreno palmo a palmo terá uma impressão diferente de seu dia, mesmo que no final ele termine com um lucro igual ao do outro vendedor. Para ele, a venda realizada tem um gostinho de bola no gol e é motivo de comemoração. No final do dia, ele estará cansado, porém recompensado financeira e emocionalmente.

Uma boa ideia para o empreendedor seria incluir em seu dia algo fora da rotina, para ter uma percepção de aproveitamento do tempo, não só financeira, mas também emocional e experimentalmente. Pode ser um caminho diferente indo para o trabalho ou de volta ao lar; uma comida diferente; ligar para algum amigo que não vê há muito tempo ou até escovar os dentes com a outra mão. Qualquer coisa pode criar sinapses no cérebro e servirá como uma lufada de ar fresco em sua aborrecida rotina. Alguém poderia argumentar que, se ele está terminando o dia com o bolso cheio, isto é suficiente, mas não é. Rotinas criam frustração, pois o ser humano precisa de desafios.

Suponha que exista um vendedor que termine o dia sem ter cumprido suas metas. Aí caberá a ele analisar suas tarefas e começar a fazer um melhor planejamento do seu dia, ou ficar atento às atividades improdutivas que podem estar consumindo o seu precioso tempo. Por exemplo, algumas pessoas precisam ser treinadas no uso do telefone. São aquelas que não conseguem ser objetivas. Precisam conversar meia hora para dizer algo que poderia ter sido dito em cinco minutos. Neste caso, pode existir a necessidade de uma reforma no modo de proceder. Já não é apenas uma questão de percepção do tempo, mas de pura perda de tempo.

A administração do tempo também tem muito a ver com a idade do profissional. Se ele estiver em início de carreira, estará se sentindo como quem ganhou uma bolada de milhões de horas na loteria do tempo. Este profissional não está nem um pouco preocupado com a forma como irá empregar seu tempo, pois parece que tem todo o tempo do mundo para gastar. Todos são assim na infância e principalmente na adolescência. Aí as responsabilidades vão crescendo e a idade avançando, até você chegar a um momento de sua vida em que o tempo parece escoar como a areia de uma ampulheta. É aquela idade quando você percebe que o volume de areia na parte de baixo é muito maior do que os poucos grãos que restam na parte de cima. Aí você passa a ponderar melhor o uso do tempo, procurando colocar as coisas na ordem de importância que elas deveriam ter tido desde o início.

Antes que você chegue a esta situação, em que venha a se arrepender de ter dedicado pouco tempo aos filhos, à família e à manutenção da saúde, o ideal é preocupar-se com estas coisas desde cedo. Assim como faz com dinheiro, você deve dividir o seu tempo em dois: aquele para ser gasto com as necessidades diárias de sobrevivência e aquele para ser colocado na poupança. E, por poupança de tempo, entenda fazer coisas que possam render juros no futuro, perceba que o assunto aqui não é dinheiro, mas relacionamentos. É sempre um bom investimento dedicar parte do tempo aos filhos e à família.

Algumas dicas simples podem tornar o tempo do profissional mais produtivo e ainda ter um efeito em seu equilíbrio emocional. Enquanto alguns precisam efetivamente aprender a planejar suas tarefas e dar prioridade às coisas importantes, outros precisam simplesmente entender o tempo, para passarem a abordá-lo de um diferente ponto de vista. Isto ajuda a incrementar sua percepção do tempo e a reduzir os seus níveis de stress. Assim, fica evidente que o bom gerente deve sim se preocupar em como ele e os seus subordinados estão gastando o seu tempo.

O gestor precisa reconhecer isso e saber distribuir as atividades de forma coerente com a capacidade de cada um, assim também o empreendedor. Por exemplo, uma pessoa criativa que execute um trabalho que também exige um grau elevado de criatividade pode ser vista pelos colegas como alguém que perde tempo, por ficar minutos preciosos olhando para o vazio ou fazendo rabiscos sem qualquer sentido. Mas essa introspecção, esse 'viajar', faz parte do processo criativo e a empresa precisa entender isso. É claro que deve haver uma medição e controle dos resultados para identificar quem são realmente os criativos e quem são os que apenas fazem de conta que trabalham.

Aqueles que se sobressaem na vida e nos negócios são os que sabem usar seu tempo para executar as coisas realmente importantes e agregar valor à vida e aos negócios. A importância de se administrar bem as tarefas no tempo fica ainda maior quando se trata de um pequeno ou médio empreendimento. Para estes, os recursos são escassos e muitas vezes o proprietário ou administrador precisa realizar várias tarefas de diferentes categorias, tarefas que numa empresa maior seriam realizadas por profissionais especializados.

Nestes casos, aprender a delegar e a terceirizar tarefas é fundamental. Pense num dominó. Se a peça que você derrubar tem influência em muitas peças, dedique-se a esta, caso contrário terceirize a tarefa. Uma forma de determinar o valor das tarefas é medindo suas consequências ou quantas pessoas dependem que você dê o saque para o jogo continuar.

É bom lembrar que nem todas as pessoas têm condições de decidir e administrar, por exemplo. É por isso que em todas as épocas as tribos tiveram chefes; os exércitos, comandantes; e os países, reis ou presidentes. Alguém sempre precisará estar no poder para que as coisas funcionem. Se você não tem jeito para administrar, é melhor que deixe isso para quem está mais apto, enquanto procura se aperfeiçoar naquilo que está dentro de suas competências.

Por isso, é importante saber no que investir o tempo e ter foco. Por exemplo, hoje nas grandes empresas está em voga o conceito *Management by Wandering Around (MBWA)*, que, trocado em miúdos, quer dizer gerenciar andando pela empresa. Gestores são encorajados a se misturar com seus liderados, observando o trabalho deles e intervindo quando necessário, e não como faziam antigamente, fechados em suas salas e sem qualquer contato com as áreas de produção. Assim, é possível que o gerente ou administrador reformule suas estratégias pois acompanhará ao vivo e em cores a ação se desenrolar na empresa.

Tudo isso parece uma grande perda de tempo, não é mesmo? Mas você vai ver que essa pode ser uma das melhores formas de um empresário, gestor ou manager investir o seu tempo, que lá no fim verá como uma economia de tempo.

Estar atento à administração do tempo se torna ainda mais importante quando a decisão do profissional é por trabalhar no sistema *home office*, como tem acontecido bastante nos últimos tempos, e ser chefe de si mesmo. Neste método, ele será o único responsável por administrar não apenas o seu tempo, mas todas as demais questões que envolvem o negócio em si e o ambiente de trabalho.

Capítulo VI

Como montar um negócio *home office*

Talvez a maior dificuldade do home office seja cultural. Muitas pessoas e empresas ainda raciocinam em termos de empresa física, com funcionários trabalhando todos em um prédio de tijolos, de preferência com uma placa na porta avisando: "Sede Própria".

A associação de empresa com tangíveis é uma ideia que já está ultrapassada para alguns segmentos e atividades e poderia ser evitada por muitos outros. Certa vez, um industrial recebeu a visita de empresários japoneses. Orgulhoso de sua fábrica, apontou para a grande foto na parede da sala de reuniões que mostrava a fachada da empresa com cerca de três mil funcionários uniformizados reunidos na frente. Um dos japoneses comentou: "Vocês precisam de tudo isso para produzir?".

A ideia é essa. Qualquer tangível envolvido na produção de riqueza deve ter uma razão de ser, caso contrário deve ser descartado. A dificuldade cultural existe por diversos motivos, por exemplo a vivência durante séculos em um mercado que não tinha o que se tem hoje em termos de comunicação e capacidade de processamento de informações.

Nos últimos anos, no entanto, muitas empresas se viram forçadas a mudar o sistema de trabalho e até a auxiliar os seus colaboradores a estabelecerem os seus próprios escritórios em casa, seja com equipamentos próprios ou fornecidos pelo empregador. A grande pandemia que afetou a economia mundial e até mesmo os cortes de gastos anteriores a ela mostraram ao grande e pequeno empresário que o *home office* é sim uma possibilidade. Mostrou ainda que, apesar dos gastos serem maiores nos primeiros meses de mudanças, a empresa passa a gastar muito menos nos meses seguintes à migração do escritório para a casa.

Apesar de forçadas, todas estas mudanças ocorridas nos últimos tempos em decorrência da pandemia fizeram com que percebêssemos que é necessário olhar para o futuro e, assim, criar uma forma de viver e, consequentemente, um novo modo de fazer negócio.

Há 30 anos um gerente precisaria de uma infraestrutura imensa para fazer seu trabalho: secretárias para receberem suas ligações e anotarem recados, datilógrafas para executarem suas cartas e memorandos, pessoas para fazerem cálculos à mão ou em máquinas mecânicas, office-boys para levar e trazer correspondência interna, telefonistas para completarem suas ligações, máquinas copiadoras para duplicarem seus documentos, veículos com motoristas para levarem seus malotes de correspondência ao correio e até um sistema de som ambiente, caso desejasse trabalhar com música. Hoje qualquer pessoa tem tudo isso em um laptop.

Obviamente, ainda há profissionais que não conseguem trabalhar sem todo esse aparato e esses serviços feitos por terceiros, mas a nova geração certamente já trabalha de modo diferente, graças a uma das mudanças que a tecnologia trouxe: a mobilidade. Usando celular e dispositivos com tecnologia *wireless*, eu posso trabalhar de qualquer lugar, a qualquer hora, mesmo porque em uma economia global não existe horário comercial. Então, por que imaginar que um espaço físico seja necessário nos mesmos termos de antigamente?

Embora muitos considerem o trabalho em *home office* algo relativamente recente e associado às novas tecnologias da informação, a verdade é que o trabalho em casa sempre foi uma prática comum na história da humanidade.

Os artesãos do passado trabalhavam em casa, e a revolução industrial japonesa do pós-guerra teve no *home office* um aliado importante. Todos os dias, os caminhões saíam das fábricas carregados de transistores e outras peças que eram distribuídas nas residências. No final do dia, os caminhões voltavam a passar para recolher os rádios de pilha prontos.

A principal vantagem do *home office* é o ganho com tempo e qualidade de vida, como já foi citado. Para quem mora nos grandes centros, é possível transformar aquelas horas perdidas no trânsito em tempo útil, por exemplo, escutando um *podcast* ou lendo. Isso se você vai de ônibus ou metrô, mas não é a mesma coisa que ter tempo para efetivamente executar algum trabalho.

Quem trabalha em *home office* também não precisa se preocupar tanto com horários, o que é bastante conveniente em uma economia globalizada e também para você que quer fazer o seu horário. Muitas empresas multinacionais precisam fazer reuniões envolvendo vários países e, devido aos diferentes fusos horários, sempre terá alguém participando de casa no meio da noite. É também possível a quem trabalha em casa criar seus próprios horários dependendo de seu ritmo biológico. Existem pessoas que se dão bem trabalhando à noite ou de madrugada, as quais não seriam tão produtivas se obrigadas a trabalhar em um horário comercial. Estas podem ir até altas horas sem precisar se preocupar com o retorno para casa. E outros, que são madrugadores, podem aproveitar as horas mais silenciosas e criativas que precedem o nascer do sol.

Assim, quem trabalha em casa pode organizar sua agenda e fazê-la mais produtiva. Mas é claro que tudo isso depende muito do tipo de trabalho ou tarefa, pois você não vai ligar para um cliente às 5 da manhã só porque é sua melhor hora. E, se você for colaborador de uma empresa, provavelmente terá que trabalhar nos horários estabelecidos pela empresa.

Outras vantagens do *home office*? Economia com aluguel de sala, móveis, computadores, conexão a *internet*, roupas de trabalho, combustível e vários outros itens que um enorme grupo de pessoas teriam em duplicata se trabalhassem em um escritório. Hoje, qualquer pessoa já tem uma infraestrutura assim em casa e ela pode ser aproveitada tanto para lazer como para trabalho.

Contudo, também existem desvantagens técnicas, como a necessidade de um espaço reservado e silencioso para que as atividades da família não interfiram no trabalho. E existem também as desvantagens humanas. Quem trabalha em casa terá uma menor capacidade de interagir com colegas, o que pode limitar o aprendizado que depende de interação pessoal.

A essas desvantagens, somam-se outras que também afetam o empresariado moderno por serem questões ainda mal resolvidas. São elas: a possível alteração na legislação trabalhista decorrente do grande número de empresas que passaram a contar com os seus funcionários trabalhando de casa; quem vai pagar a *internet*; a cadeira confortável; o computador; e até questões envolvendo a saúde mental do funcionário. Estes são alguns pontos levantados por empregadores.

Apesar de muitas empresas que consideram os colaboradores como o seu maior bem ativo terem saído na frente ao dar suporte ao funcionário, que passou também a desempenhar mais funções em favor da empresa, as leis ainda não foram colocadas no papel e deixam receosos os empresários com menos recursos.

Falando ainda em desvantagens no trabalho *home office*, talvez a maior delas seja mesmo a falta de contato pessoal diário com colegas, o que é importante para a geração de ideias e de aprendizado. Sistemas de chat e vídeo ajudam a amenizar isso e ainda abrem a possibilidade de interagir com pessoas em outros países, mas as inovações nesse sentido não ficam por aí.

Diversas empresas têm inovado grandemente na tentativa de manter o trabalho em *home office* ao mesmo tempo em que auxiliam os seus funcionários a cuidarem da saúde mental. Assim, muitos funcionários passaram a contar com atividades em grupos para capacitação, entretenimento e bate-papo, como forma de substituir a hora do cafezinho, e até psicólogos são agora disponibilizados para consultas individuais.

E o resultado de toda essa movimentação será positivo? Durante a grande onda de migração do trabalho para o *home office* em 2020, muitas empresas relataram, em reuniões internas, terem obtido melhores resultados em termos de produtividade, qualidade e participação. Há ainda relatos de gerentes que viram a assiduidade e a interação durante as reuniões aumentar.

Outra preocupação presente na vida do empresário que possui um negócio que exige contato constante com clientes e fornecedores é de não poder desenvolver sua empresa no formato *home office*. Às vezes, há realmente a necessidade de se possuir um local físico. No entanto, com um pouco de esforço, profissionais que achavam inviável trabalhar remotamente no passado (como, por exemplo, cabeleireiros, maquiadores, professores de dança, educadores físicos, decoradores, arquitetos e restaurantes) foram desafiados a inovar e o fizeram muito bem!

Muitos desses profissionais, sendo amantes de seus ofícios e grandes visionários, inovaram e surpreenderam a muitos com suas criações. Já ouviu falar em cabeleireiros auxiliando a cortar cabelo por meio de vídeochamada? E arquitetos e designers que, por meio de chamadas de vídeo prestam consultorias 'faça você mesmo'? Vídeos de academias, maquiadores e escolas renomadas de balé não só estão online, mas atendem a clientes individualmente e de forma personalizada.

Tudo isso faz com que as desvantagens do *home office* vistas por alguns perfis profissionais, como aqueles que precisam estar em uma equipe para se sentirem motivados, sejam minimizadas.

No entanto, é preciso também ser honesto consigo mesmo e saber que, apesar de a *internet* proporcionar hoje interação imediata com muitas pessoas, isso nunca é igual ao convívio pessoal. O trabalhador *home office* precisa ser organizado de forma a buscar o convívio social em outros círculos.

A falta de disciplina também pode ser um problema se você se deixar levar pelo ambiente caseiro e gastar mais tempo vendo TV do que trabalhando. Essa disciplina não é só do profissional, mas de toda a família, que precisa aprender a conviver com alguém que não estará disponível o tempo todo, embora seu corpo esteja ali bem perto.

Perceba que as desvantagens vão depender muito do tipo de atividade e de onde você mora. Mas o esforço e disciplina para fazer o *home office* dar certo é válido, já que muitas das desvantagens podem ser contornadas com um bom planejamento e adequação do espaço que será usado para trabalhar, além de uma mudança cultural que necessariamente deve ocorrer na família.

Quanto de disciplina é necessário?

Disciplina é um ponto importante, pois, no começo da mudança, o profissional se sente como se todos os dias fossem domingo. Parece não existir nada que o impeça de passar a tarde vendo um jogo na TV, acordar mais tarde ou mesmo visitar a geladeira de cinco em cinco minutos. É preciso uma espécie de reeducação para a coisa funcionar. Isso acontece mais no caso dos empresários que são totalmente donos do seu tempo.

Por outro lado, ao contrário do ambiente da empresa, nem tudo é ferro e fogo no *home office*. Numa empresa, você não pode cochilar, ainda que esteja com aquela gripe ou sinta um vácuo de ideias e motivação em seu cérebro. Como todo mundo tem seus momentos assim, na empresa as pessoas fazem de conta que trabalham, ficam olhando para o monitor como se enxergasse através dele ou simplesmente deixam o paletó no encosto da cadeira para fazer de conta que estão trabalhando, e vão perder tempo no banheiro, nos corredores ou até na rua.

No *home office*, pode se dar ao luxo de parar de trabalhar a hora que bem entender, se não se encontra em um bom dia ou com absoluta falta de condições de produzir. Pode ver um filme ou tirar aquela soneca que seria impossível na empresa convencional. É claro que, se esse filme ou soneca virar rotina, aí a coisa não vai funcionar.

Normalmente, quem trabalha em casa não vai receber clientes ali, portanto não há uma grande mudança na postura de quem trabalha em *home office*, por isso não há problema algum em trabalhar de bermudas ou outra roupa confortável, descalço e com um copo de suco gelado na mão.

Outra dica relevante é a importância de continuar mantendo contato com colegas da profissão, frequentar eventos de seu segmento ou até manter parcerias como forma de estímulo e motivação. Felizmente, a tecnologia permite que se converse com dezenas de pessoas e até as veja na tela sem sair de casa. É comum ter uma dúvida relacionada a alguma das suas atividades e pedir a opinião de algum colega virtual que nunca encontrou pessoalmente.

Por incrível que pareça, olhar para a lista de pessoas conectadas ao Skype no momento em que trabalha dá uma certa segurança, algo como você saber que na mesa ao lado tem alguém e que, se você tiver dúvidas ou quiser fazer algum comentário, poderá encontrar um par para conversar das coisas da profissão.

Mas, acima de tudo, saiba administrar o seu tempo para obter a qualidade de vida tão desejada. Apesar da tamanha facilidade, deve-se ter atenção com a disciplina e elaborar um programa de atividades extras, já que um dos grandes problemas de se trabalhar em casa é virar um workaholic e não ter mais tempo para começar e terminar o trabalho. Isso acontece quando a casa toda, e não apenas a atividade ou o quarto usado para escritório, passa a ser vista como local de trabalho. Então, ao pôr o pé em casa, o profissional se sente como se tivesse chegado ao emprego, e até de dormir ele acaba se esquecendo. É preciso estabelecer horários e criar uma cultura adequada para se trabalhar em casa.

É preciso se disciplinar e evitar que a atenção se disperse com as comodidades da casa. Daí a necessidade de se ter um ambiente adequado para o trabalho, um lugar que você enxergue como sua área produtiva. Organizar uma mesa que seja sua é essencial. Não é necessário possuir um grande escritório, mas um local confortável e tranquilo onde você pode realizar as suas atividades diárias e atender chamadas é indispensável.

A disciplina aqui também envolve organização e preparo. Atender chamadas de vídeos e trabalhar de casa demandará de você um profissionalismo extra, pois estar em frente à câmera não é o mesmo que estar presencialmente em uma reunião. Preparar-se para videoconferências, por exemplo, exige o preparo da câmera, do ambiente que aparecerá atrás de você, da luz e também de sua postura diante da câmera.

Durante as chamadas, devido às interferências e problemas de conexão, o profissional precisa redobrar a atenção não apenas com o que fala, mas com a linguagem corporal, pois nem todos os gestos e movimentos são claramente visíveis. Quando as chamadas são apenas de voz, o profissional deve também buscar ser bastante claro e objetivo.

Se você tiver dificuldades com chamadas de vídeo, faça um breve checklist das principais atividades que envolvem as reuniões com vídeo e prepare-se com antecedência. Alguns itens com os quais deverá lidar referem-se ao setup da câmera: posicionamento e limpeza; a luz do ambiente – se necessário faça melhorias; cenário – limpe a área que aparecerá no vídeo; aprenda técnicas de fala diante das câmeras como, por exemplo, olhar para a câmera em vez de olhar para a tela; seja claro e objetivo em suas falas. Inclua nessa lista outros pontos que considere importantes e, após algumas reuniões, você já estará mais tranquilo e preparado.

Ainda na categoria disciplina, caso você seja um empresário trabalhando em *home office*, é importante não se esquecer das férias que também são um quesito indispensável para que você desfrute plenamente desse novo estilo de vida. Assim como você fez com o trabalho, planeje também com a família o melhor período para parar e aproveitar alguns dias viajando ou fazendo algo de que vocês gostem.

E agora, não terei mais férias?!

Toda empresa costuma programar as férias de seus funcionários de modo a não prejudicar o trabalho da empresa como um todo. Assim deve ser também com o profissional liberal, pois ele é praticamente a empresa inteira em sua pessoa. Enquanto numa empresa a falta de alguns não a impede de funcionar e faturar, a falta do médico em seu próprio consultório pode significar o completo fechamento da torneira de recursos. Por isso o melhor é planejar.

A melhor época vai depender do modo como o profissional trabalha. Se ele atende hospitais, se trabalha exclusivamente por meio de convênios, se atende apenas clientes particulares ou trabalha em um modo misto. Em cada caso, ele já deve ter um histórico de seu volume de trabalho durante o ano e não fica difícil montar alguns gráficos para ter uma ideia visual de seu movimento. De posse disso, ele poderá se programar para sair quando sua ausência causar o menor impacto possível em seus negócios.

Como se pode perceber, isso vai depender muito da forma de trabalho do profissional. É claro que poder conciliar suas férias com as férias dos filhos pode ser bom para muitos, porém antes ele precisa verificar seu histórico de movimento em seu novo empreendimento. Se, para alguns, as férias escolares significam uma queda no volume de trabalho, para outros pode significar um aumento. Então, ele precisará buscar uma alternativa.

O grande problema de um profissional liberal é que seu negócio depende totalmente dele, mas se conseguir ampliar isso para envolver outros profissionais ou funcionários com atividades que ele apenas administre, facilitará as suas saídas, caso contrário será necessário melhor planejamento.

Aí surge outra questão: é possível, ao mesmo tempo em que estabeleço o meu novo negócio, trabalhar com uma equipe em *home office*? Não seria necessário ter um espaço específico para a empresa no caso de possuir mais funcionários trabalhando para mim? A boa notícia é que é sim possível, mas é preciso saber como.

É possível trabalhar com uma equipe em home office?

As equipes com membros que trabalham no sistema *home office* são muito comuns hoje. Mas, diferentemente de dar conta apenas do que é o trabalho como um funcionário de uma empresa, ser um empresário e contar com mais funcionários pode ter como o maior desafio encontrar pessoas que compartilhem de um mesmo nível de absorção tecnológica.

Mesmo que não seja tão fácil encontrar profissionais na área de atuação de sua empresa aptos a trabalhar de forma remota, pode ser que o treinamento e a capacitação os habilitem a isso. Em tal cenário, o empresário tem a função de prestar suporte e disseminar entre os membros da equipe as melhores práticas de trabalho remoto.

Garantir que toda a equipe possua condições mínimas para o trabalho que executará é indispensável. Possuir canais de comunicação de fácil acesso como o Skype, um número de telefone móvel ou fixo para contatos profissionais, bem como estar disponível para reuniões virtuais e, quando necessário, presenciais, são indispensáveis para uma boa convivência profissional à distância.

O que não pode acontecer é o profissional dificultar o contato com colegas de trabalho e clientes. Como não possui um local físico onde o seu cliente poderá encontrá-lo, o correto é facilitar ao máximo o contato por outros meios, seja via *internet* ou telefone. Mostrar-se disponível e garantir respostas rápidas ainda são um diferencial no atendimento à distância, por isso aprimorar o atendimento dos clientes lhe fará sair na frente.

Como fazer o atendimento aos clientes?

Quando é preciso ligar para um cliente, ou quando ele liga para seu celular, não vai ser muito diferente daquilo que hoje já se faz com a mobilidade que o celular trouxe a quem trabalha. Você já deve ter se surpreendido com gente conversando com clientes e tratando de negócios em banheiro de aeroporto. A vantagem de atender um cliente no banheiro de sua casa é que é mais silencioso e você não corre o risco de seu vizinho dar a descarga na hora da ligação, como acontece nos aeroportos.

Agora, se existir um número muito grande de clientes que ligam para o profissional, a saída é contratar um serviço de atendimento terceirizado para resolver as coisas menos importantes, anotar recados, redirecionar chamados e coisas assim.

Há várias maneiras de se resolver essa questão, que é importantíssima para quem trabalha como profissional liberal. É possível criar um site que facilita o contato por e-mail ou preenchendo formulários de perguntas. Mas lembre-se, estabeleça um canal de comunicação como principal e dê total atenção a ele. Se for o e-mail o seu principal meio de contato com clientes, tente respondê-los o quanto antes e tenha-o sempre como uma ferramenta de alta prioridade na comunicação.

O primeiro passo para quem trabalha em *home office* é tentar reduzir o número de contatos síncronos como pessoais e por telefone, e aumentar os contatos assíncronos, como e-mail e mensagens. Caso você prefira o telefone, por estar mais habituado a ele, tente terceirizar o atendimento ou instale uma linha exclusiva em seu escritório.

Assim como há várias modalidades de atendimento terceirizado, há também diferentes custos e modalidades de remuneração. Quem precisa de uma infraestrutura de atendimento, como um SAC por exemplo, instalações físicas e endereço postal, vai preferir uma empresa de escritório virtual que oferece tudo isso. Saber se você precisará contratar um SAC nesses termos é fácil, pois a sua própria demanda irá sinalizar.

O SAC, de um modo geral, deve servir a três propósitos. O primeiro é ser o representante da empresa diante do cliente, o segundo é ser o representante do cliente diante da empresa, e o terceiro, que é importantíssimo e poucas empresas atentam para isso, é ser um meio de coleta de informações, não apenas para fins de cadastro, mas para a medição do índice de satisfação do cliente dentre outros dados que possam ser importantes para o departamento de marketing, por exemplo.

Quando o próprio SAC se torna o principal instrumento de insatisfação do cliente é porque alguma coisa está muito errada no planejamento da empresa como um todo. De que adianta eu oferecer um produto ou serviço de qualidade e gastar milhões para conquistar clientes se basta uma ligação do cliente para meu serviço de atendimento para transformá-lo no inimigo número 1 de minha empresa?

Antigamente, só se pensava em atendimento ao cliente pessoalmente ou por telefone, mas, com as novas tecnologias, até mesmo o conceito de *Call Center* se expandiu para o *Contact Center*, envolvendo todas as tecnologias possíveis de contato, até mesmo as mídias sociais. E como essas tecnologias continuam a se expandir, é preciso que o empresário fique atento para adotar aquelas mais adequadas ao seu cliente e ao negócio.

Porém, a questão da estrutura e do custo devem ser calculados de acordo com o porte da empresa e a demanda pelo serviço. Para a maioria dos varejistas, uma estrutura simples pode funcionar. Para outros, será necessário criar uma empresa especializada em consultoria para dimensionar o serviço.

De uma maneira geral, qualquer um deve ter um serviço de atendimento ao consumidor, mesmo que não seja um departamento específico para isso. Se o porte da empresa não permite ou a demanda é pequena, um funcionário pode ser treinado para a função. O que não pode acontecer é qualquer um atender o cliente, principalmente quando isso é feito por telefone ou e-mail. Uma pessoa não treinada poderá soar rude ao telefone, e alguém que não saiba português poderá causar um dano à imagem da empresa se cometer erros no atendimento por escrito.

Aquelas empresas que não têm condições de treinar uma pessoa especificamente para a função, mas têm uma demanda considerável de ligações e contatos por e-mail através do site, devem avaliar a possibilidade de contratar um serviço especializado. Hoje, há muitas empresas que fazem isso, e, em alguns casos, há também serviços de menor custo que não fazem exatamente um atendimento, mas recebem chamadas e mensagens de forma pessoal ou usando secretárias eletrônicas, e as redirecionam para a empresa para que entre em contato com o cliente.

Com a possibilidade de terceirização do serviço, os preços podem ficar acessíveis a empresas de menor porte. A necessidade do varejista será determinada pelo volume de contatos que recebe de clientes. Em alguns setores, o cliente raramente liga para a empresa, e, por isso, na maioria das vezes basta um funcionário treinado para dar conta desse atendimento. Em outros a demanda é maior.

É importante o empresário entender que SAC não é um serviço de reclamações do cliente, mas um serviço de atendimento, portanto as pessoas precisam ser treinadas exatamente para isso, para atender bem o cliente. Um pequeno negócio de lanches ou pizzas pode precisar de um serviço de atendimento robusto para dar conta da demanda de encomendas que recebe nos horários de pico, mas, provavelmente, não terá nenhuma ligação em outros horários. Portanto, antes de pensar em criar um SAC, é preciso que o empresário avalie o tipo de atendimento que deverá disponibilizar e os canais por meio dos quais fará o atendimento. A padronização dos canais é um passo importante para um atendimento eficaz.

Quais formas de comunicação devo utilizar?

Em resumo, se o seu negócio é *home office* ou não, o atendimento ao cliente e a forma de comunicação utilizada sempre deverão ser analisadas caso a caso.

Pode-se dizer que o primeiro contato, evidentemente, é o contato pessoal, que deve ser explorado ao máximo. Dependendo do porte e tipo de empresa, isso nem sempre é possível de uma forma bem familiar como acontecia antigamente, mas pode ter bons resultados se existir um cuidado com a seleção de colaboradores e com treinamentos. O atendimento é sempre o melhor caminho para se manter uma boa comunicação e um bom relacionamento com o cliente.

Impressos enviados ao endereço do cliente ou distribuídos na loja também ajudam a manter a lembrança da marca, porém é preciso criatividade. Uma pequena carta enviada com o produto comprado em sua loja online também pode elevar a visão que os seus clientes têm de sua marca. Rádio, TV, jornais, revistas, *internet*, há várias opções de canais para se comunicar com o cliente, mas numa época quando todos usam tudo, só vai conseguir se destacar quem tiver criatividade e sair do lugar-comum.

Quando isso tudo consegue deixar uma boa recordação da marca e dos benefícios nos clientes, estes passam a trabalhar para a empresa, usando o melhor canal de comunicação que existe: o boca a boca. Mas isso só vai acontecer se o cliente se sentir extremamente satisfeito com a experiência que teve, tendo, assim, prazer em falar disso aos amigos.

Qualquer comunicação deve seguir um processo de criação da mensagem, envio, resposta e feedback, entendendo por resposta uma ação efetiva do cliente e por feedback uma percepção de resultado captada pelo emissor, no caso a empresa. O outro passo no processo é medir os resultados, o que nem sempre é muito fácil, pois há consequências da comunicação que são sutis demais para serem medidas.

Por exemplo, você pode perguntar se um cliente viu uma propaganda no jornal, se gostou, se veio até a loja para comprar por causa da propaganda, mas tudo o que vai obter dessas perguntas são as respostas dele, que nem sempre são condizentes com o comportamento. Perguntar a alguém causa uma certa contaminação, pois a pessoa irá raciocinar antes de responder, e isso nem sempre é bom. Observar seu comportamento, por outro lado, é uma excelente forma de se obter respostas.

Para entender isso, digamos que você pare um cliente na porta de um supermercado e pergunte a ele o que comprará. Se ele veio comprar pinga e leite, vai responder que veio comprar leite. Se você não perguntar, mas observar seu comportamento de compra dentro da loja, vai descobrir o que ele realmente foi fazer ali.

O estabelecimento de pequeno porte pode fazer coisas que os grandes estabelecimentos jamais conseguiriam, que são coisas que dependem de um contato pessoal, de dois minutos de conversa. Por exemplo, um pequeno restaurante pode ter um atendimento muito mais personalizado do que uma grande rede de fast-food.

O importante é o dono do pequeno estabelecimento entender isso e não querer parecer grande e impessoal. Ele deve entender também que seus produtos e serviços não se limitam àquilo que tem nas prateleiras ou no cardápio, mas também às questões intangíveis, como o próprio ambiente do estabelecimento.

Quantos pequenos estabelecimentos poderiam criar um ambiente diferente, acolhedor, mas simplesmente enchem o espaço de prateleiras, balcões e mesas sem qualquer planejamento? O ambiente – iluminação, cores, organização de produtos, circulação – deve ser planejado, pois ele também se comunica com o cliente. A fachada também é importantíssima para o pequeno estabelecimento. Deve existir um cuidado de se distinguir dos vizinhos e criar algo único.

O empresário precisa entender que a venda acontece em um contexto, e que, nesse contexto, até a música ambiente tem sua função. Se você possui um restaurante e está com problema de excesso de clientes, coloque uma música mais rápida e ritmada que as pessoas automaticamente comerão mais depressa. Se estiver vazio e quiser que as pessoas permaneçam mais tempo, escolha música lenta.

O mesmo vale para um supermercado. Se colocar um rock ou música de banda marcial, o cliente vai fazer compras correndo ou marchando. Se colocar uma música suave, vai reduzir sua resistência, acalmá-lo e deixar de criar um ritmo, que é o que o tique-taque de um relógio costuma fazer. Por isso, muitos estabelecimentos não devem ter relógios visíveis, se pretendem manter seus clientes por mais tempo ali.

Essas são algumas técnicas utilizadas pelo marketing e que podem ser mais aprofundadas e diversificadas a partir do momento em que você começa a aplicar e a compreender como elas afetam os seus clientes.

Vemos, entretanto, que os desafios atuais são outros e que os negócios beneficiados têm sido os remotos, já que muitas pessoas têm tentado, o máximo possível, evitar locais com aglomerações. Restaurantes com o serviço à la carte, por exemplo, têm a presente preocupação de não poder utilizar todas as mesas que possuem, pois precisam atentar para o distanciamento social. Os restaurantes de buffet livre também passaram a atender de forma remota, por assim dizer, e muitos deles têm se transformado em *delivery*.

A lista de mudanças na formatação dos negócios, a migração de diversas empresas para o atendimento remoto e o serviço de entrega fazem também com que o empresário pense em novas estratégias. O *home office* é sim uma excelente oportunidade, mas que vem acompanhada de desafios. Desafios trazidos pelo 'Novo', que nunca para de acontecer.

VII Capítulo

Esteja sempre atento às mudanças

Agora que você já colocou o seu negócio nos trilhos e conheceu algumas técnicas de marketing deve estar pensando que é hora de botar os pés para cima e descansar da correria da segunda fase da sua vida, não é mesmo?!

Muita atenção nesse momento! Todos os negócios estão sujeitos a mudanças no cenário, sejam estas motivadas por fatores internos ou externos; e nas circunstâncias e leis, principalmente quando esses negócios dependem da locomoção de seus clientes. Por exemplo, é comum encontrar estabelecimentos em estradas que perderam clientes ou fecharam depois da instalação de pedágios. O acesso, antes fácil para os clientes próximos, acaba ficando caro. Desvios em ruas ou rodovias também causam o mesmo efeito. Às vezes, até a mudança do sentido de direção de uma rua pode ameaçar um estabelecimento se isso dificultar o acesso aos clientes tradicionais.

Com a lei que impede o consumo de qualquer bebida alcoólica por motoristas, muitos estabelecimentos se sentem como se tivessem sido colocadas placas de contramão nas duas esquinas de sua rua, impedindo que motoristas cheguem ou saiam de seu estabelecimento. Nessa hora, o jeito é inovar ou até procurar alternativas para o negócio, já que o objetivo de quem vende algo é atender uma determinada clientela e faturar no processo. Se essa clientela deixa de existir, não faz sentido acreditar que tudo continuará exatamente como antes ou pagar para ver as coisas voltarem ao que eram no passado.

É bom sempre estar atento ao seu novo negócio nas mais variadas fases dele, pois novas ideias serão sempre necessárias. Alguns estabelecimentos podem sofrer uma transformação radical, passando a oferecer outro tipo de serviço ou até mudando de segmento. Você já ouviu aquela história de uma fábrica de bombas que, com o fim da guerra do Vietnã, passou a fabricar brinquedos? Ou indústrias que produziam embalagens que ao ver os seus equipamentos parados durante a nova pandemia decidiram se reinventar e passaram a produzir máscaras? Algumas transformações são radicais, outras nem tanto assim, mas todas são originadas do encontro da necessidade com a criatividade.

No caso de serem necessárias as mudanças na sua empresa, mas havendo a possibilidade de continuar no mesmo segmento e com as mesmas características do negócio atual, você deve, por exemplo, redirecionar sua comunicação para conquistar novos clientes. Isso pode parecer uma sugestão, no mínimo, estranha, mas faz sentido quando se percebe que muita gente que deixou de frequentar o bar ou restaurante de costume passou a procurar uma alternativa mais próxima, que esteja à distância de uma caminhada, ou com um trajeto breve o suficiente para que o táxi não pese no bolso, ou que entregue em casa.

Se o estabelecimento direcionava sua comunicação para toda uma cidade, poderá querer agora focar na vizinhança para conquistar aqueles que ainda não são clientes e que, provavelmente, deixaram de frequentar um bar ou restaurante do outro lado da cidade.

As mudanças no comportamento dos consumidores e as evoluções no mundo dos negócios são constantes. Que tipo de suporte o empreendedor pode buscar para conseguir acompanhá-las?

A velocidade das mudanças é muito grande e cabe ao empreendedor criar uma espécie de sexto sentido, não para estar em dia com todas as mudanças, mas, pelo menos, saber identificá-las em suas características genéricas, e então se concentrar naquelas que efetivamente terão impacto em sua área de atuação. O tipo de estresse gerado pela expectativa diante das mudanças é até benéfico para quem quer crescer. O contrário é a apatia de continuar fazendo o tempo todo aquilo que já vinha fazendo há anos, o que sempre foi a sentença de morte de muitos negócios, profissões e profissionais.

O empreendedor é que acompanha o mercado, não o mercado que acompanha o empreendedor. Será que essa ordem é clara dentro das empresas? Infelizmente, nem todas as empresas se dão ao trabalho de observar o mercado. Muitas ainda são surpreendidas com o resultado final de mudanças que vinham ocorrendo gradativamente. Recentemente, um empresário do setor gráfico contou que, ao perceber que seu produto principal seria atropelado pelas novas tecnologias e pelos novos costumes das pessoas, mudou para uma área totalmente diferente, e hoje é um industrial no segmento de panificação.

Estar atento aos sinais dados pelo mercado e ter uma percepção do futuro é algo vital para o empreendedor desses tempos tão dinâmicos, que pode terceirizar este trabalho a jovens e mulheres na equipe, pois geralmente os jovens e as mulheres são mais flexíveis e aptos às mudanças. Os jovens, pela sua energia latente, e as mulheres pela própria capacidade que têm de lidar com diversas questões simultaneamente.

Saber identificar a necessidade de mudar é uma das habilidades dos líderes, e boa parte da percepção que eles têm desta necessidade vem da observação da equipe, do fluxo de trabalho, das metas que estão ou não sendo atingidas, dos níveis de satisfação dos clientes, da percepção de sua equipe, além de muitas outras variáveis. Por isso, um bom líder precisa estar engajado com sua equipe. Um líder que se isola nunca conseguirá saber realmente o que acontece ao seu redor.

Conversar com seus liderados, fazer pesquisas de satisfação com clientes internos e externos, contratar uma consultoria, todos estes são caminhos para a detecção do que pode ser mudado e do que é melhor continuar como está. Mudar simplesmente por mudar pode acarretar em desastres numa empresa.

A vantagem de se buscar uma consultoria externa para o processo de detectar o que precisa ou não ser mudado e implementar uma estratégia de mudança está em trazer gente que não tenha os vícios e bloqueios comuns a quem trabalha no ambiente da organização. Se deixar algo fora do lugar em seu escritório, depois de um tempo acabará se acostumando com aquilo e não enxergará mais. Alguém de fora percebe imediatamente. Em um mercado de solavancos, quem está dentro da garrafa nem sempre consegue ler o rótulo.

Em períodos que demandam mudanças, é preciso saber de antemão quais seriam os colaboradores que participariam do processo de mudança na gestão. Para isso, busque neles uma coisa: "iniciativa". Essa atitude é natural de pessoas que "iniciam" coisas, que dão o passo inicial, que correm riscos. Pessoas incomodadas com problemas são as melhores para serem engajadas em um processo de mudança. Pessoas acomodadas são incomodadas pelas mudanças, pois estas as tiram da zona de conforto. Depois de um tempo convivendo com sua equipe, o líder é capaz de identificar pessoas com iniciativa, as quais podem não ser exatamente as mais antigas e experientes na empresa. Às vezes, é preciso contar com gente nova para desenvolver nos mais velhos o sentimento de que precisam mudar.

É preciso entender que o mercado está sempre pedindo por mudanças, e, se você não está mudando, é porque deixou de ter sensibilidade para perceber isso. Em um mundo dinâmico como este, as empresas que realmente se destacam são as que tomam a dianteira e correm riscos, não de forma gratuita, mas pelo simples fato de que certas iniciativas ainda não foram testadas pelos concorrentes.

Pense em quantas empresas demoraram para informatizar seus processos quando o mercado apontava claramente que esse seria o rumo. E quando a *internet* chegou, não foram poucas as que ficaram sentadas na audiência enquanto suas concorrentes tomavam a dianteira e transformavam a *internet* em um diferencial importante na retenção dos clientes existentes e na obtenção de novos clientes, mais jovens e habituados às novas tendências.

Trace uma estratégia eficaz de mudança

O modo de se traçar uma estratégia eficaz de mudança vai depender de cada empresa e do estágio de desenvolvimento em que ela se encontra. O importante é fazer tudo tendo o mercado e o cliente como elementos motivadores da mudança, e não criar processos de mudança apenas para trocar seis por meia dúzia. Quando a equipe está ciente de que é o mercado quem está traçando o caminho a ser seguido, será desfeita aquela impressão de que as coisas acontecem por capricho da chefia. Portanto, uma política de comunicação interna é algo que não pode faltar à empresa, antes, durante e depois de um processo de mudança. O melhor mesmo é contratar uma consultoria externa na hora de traçar uma estratégia ou utilizar os profissionais da própria empresa capacitados para tal tarefa.

Um processo de mudança também pode levar o gestor a identificar colaboradores que pararam no tempo e não se encaixam em um novo formato de empresa. Infelizmente, as mudanças nem sempre ocorrem sem alguma dor. Uma empresa que adota computadores para seus colaboradores não pode se dar ao luxo de permitir que um deles continue usando máquina de escrever porque está habituado a ela.

Além disso, algumas pessoas avessas às mudanças podem acabar boicotando o processo todo e contaminando os outros colaboradores com suas ideias. O líder precisa agir rápido para identificar esse tipo de comportamento e cortar o mal pela raiz. Aqueles que não quiserem se adaptar devem buscar uma alternativa para a sua carreira.

Embora isso possa parecer meio radical e cruel, é importante lembrar que a mudança tem por objetivo trazer benefícios à empresa como um todo, garantindo sua sobrevivência e primazia no mercado, o que reverte em benefícios também a cada membro da equipe. Permitir que alguém crie bloqueios à mudança pode trazer prejuízo a todos os outros membros da equipe.

Quando existe um trabalho bem feito de comunicação, o mais provável é que todos se engajem na mudança. Muitas mudanças fracassam por falha de comunicação. As pessoas recebem novas ordens, tarefas e responsabilidades e não é comunicado a elas o que está acontecendo, para onde vão, qual o objetivo etc. É evidente que uma mudança sem um bom processo de comunicação só criará intranquilidade e insegurança na equipe. Quando isso acontece, muitos passam a sentir saudades da zona de conforto simplesmente porque ainda não lhes foi mostrado o novo destino certo e seguro.

Assim, os mecanismos para implantação das mudanças aliados a um bom trabalho de comunicação são respostas simples para garantir a participação dos funcionários no processo de transição.

Uma das ferramentas que os líderes podem utilizar nos processos de mudança é o estabelecimento de metas, por exemplo, que pode ser como um forte elemento motivacional na hora de se implementar mudanças. Pessoas gostam de ser desafiadas e fazem isso até por lazer, portanto nada melhor do que criar desafios por meio de metas. Mas é preciso estabelecer metas específicas e desafiadoras, e que sejam aceitáveis pela equipe.

Cabe também ao líder explicar a necessidade das metas e também sua prioridade dentro do contexto da mudança. É preciso, também, fornecer feedback do andamento e cumprimento das metas, para que a equipe saiba em que ponto do caminho da mudança cada um está.

Finalmente, o mais importante em termos de se obter engajamento é recompensar o cumprimento de metas com algum tipo de celebração. Seres humanos são movidos a prêmios e reconhecimento, tangíveis ou não. Portanto, manter todos os membros da equipe envolvidos, sendo valorizados e informados do que está acontecendo, e reconhecidos quanto ao desempenho, é o que os fará comprar as suas ideias, trabalhar para que elas deem certo e permanecer satisfeitos e confiantes para a consolidação de um sonho comum.

Os princípios do marketing aplicados em qualquer empresa, seja para dar uma nova roupagem à marca ou produto, ou mesmo na criação de um empreendimento, nunca falhará. O conjunto de todas essas dicas e ensinamentos são estratégias para um negócio de sucesso, não importando as suas particularidades.

Em resumo, uma empresa que olha para dentro e fora de si, ou seja, dando importância aos seus funcionários e clientes, além de não deixar de analisar o mercado, encontrará, nos princípios do marketing analisados e demonstrados de forma tangível ao longo deste livro, um aliado no dia a dia para o completo e consistente desenvolvimento de um negócio de sucesso.

Gostou deste livro?
Entre em contato com os autores:

Mario Persona
contato@mariopersona.com.br

Mariliza Bonesso
contato@marilizabonesso.com.br